ミャンマー現代史

中西嘉宏
Yoshihiro Nakanishi

岩波新書
1939

はじめに

二〇二一年二月一日、東南アジアの西に位置するミャンマーで、この国の事実上の最高指導者であるアウンサンスーチーが軍の部隊に拘束された。首謀者は、ミャンマー軍最高司令官のミンアウンフライン上級大将である。一発の銃弾も放つことなく、軍は政府中枢の掌握に成功する。

軍事クーデター。しかも、拘束された指導者のひとりがノーベル平和賞受賞者のスーチーとなれば、世界的な関心を集めても不思議ではない。事件直後から、政変のニュースが世界中を駆けめぐった。ただ、ニュースを聞いても、いったい何が起きているのかわからないひとも多かったに違いない。

スーチーが率いる国民民主連盟(NLD)が総選挙での大勝を経て政権を樹立したのは、二〇一六年三月三〇日のことである。一九八八年から二八年間続いた民主化勢力の闘いが実を結んだ瞬間だった。民主的政権の発足は世界から歓迎されて、この国の未来は明るくみえた。日本では、「アジア最後のフロンティア」として、その経済的な潜在力にとりわけ注目が集まる。

記憶している読者も多いだろう。

だが、民主的な政権交代のあと、この国の動向に注意を払っていたひとは少ない。極端に良いニュースと、極端に悪いニュース以外は、なかなか注目を集めないものである。日本と縁が深い国とはいえ、五〇〇〇キロ近く離れた外国のことなのだから、ますますそうなる。

クーデターからさかのぼること約三カ月前の二〇二〇年一一月八日、ミャンマーで連邦議会(日本の国会)と地方議会の議員を選ぶ選挙があった。この選挙でNLDは大勝していた。NLDの大勝は二〇一五年の前回選挙に続いて二度目のことだが、注目度には雲泥の差があった。二〇一五年総選挙は、五六年ぶりに民主的な政権が生まれる契機となる歴史的なもので、それに比べると、二〇二〇年総選挙でのNLDの勝利は、事前に予想できる、驚きのないものだった。しかも、タイミングも悪く、当時の世界の目は直前にあった米国大統領選挙(ドナルド・トランプとジョー・バイデンとの争い)にばかり向けられていた。

まもなくして舞い込んだスーチー拘束の一報。軍が主張した政権掌握の理由は、前年の総選挙でのNLDによる不正である。注目度の低かった選挙がこんな政変につながるとは、誰も考えていなかった。ただ、もしクーデターだけだったなら、外国でときどき起きる事件といった扱いで、さして話題にならなかったかもしれない。ミャンマーの政変が特異だったのは、クーデター後に市民の抵抗運動が全国に広がり、しかも、抵抗する市民に軍が容赦なく実弾を発砲したことである。平和的なデモに行使することが許される強制力の範囲を明らかに超えていた。むろん、国際社会も黙ってはいない。各国政府や国際機関が民間人に対する暴力の停止を繰り返し要請したが、そうした声が軍を動かすことはなかった。弾圧は日に日にエスカレートしていく。この、国際社会の声を意に介さない軍の姿勢もまた、世界を驚かせた。

クーデターに反対する市民の姿を目の当たりにして、大義は民主化勢力にあると多くのひとは感じただろう。クーデターは失敗したと思ったひともいるはずだ。ところが事態は、期待した成り行きとは乖離したまま、現在にいたる。

市民に暴力を振るってまで、軍はミャンマーの何をどうしたいのか。スーチーはなぜクーデターを防げなかったのか。民主化勢力に勝機はあるのか。国際社会は事態をなぜ収束させられないのか。これからこの国はいったいどこに向かうのか。

こうした疑問が浮かんでも、答えがなかなか見つからない。そんな困惑する事態が、もう一年半以上続いているのである。本書はこれらの疑問に答えたい。

そのために本書では、二〇二一年の政変をひとつの政治経済変容の終着点とみなして、一九八八年からはじまる約三五年間のミャンマー現代史を描く。二三年間続いた軍事政権のあと、二〇一一年から進んだ民主化、自由化、市場経済化、グローバル化の試みがクーデターによって頓挫した、というのが基本となるストーリーラインである。

断言してもよい。この国がクーデター前の状況に戻ることはない。混迷含みの新たな時代に突入する。だが、その新たな時代がどういったものになるのかは、いまだに像を結ばない。そこで、たとえ朧ろげではあっても、この国の行方を見通すこともまた、本書の課題としよう。

二〇二一年のクーデター以来、私たちを困惑させ続けてきた数々の出来事が、本書で示す鳥瞰図の上で線としてつながって、なるほどそうなっていたのかと読者の腑に落ちれば、とりあえずの目標は達成されたことになるだろう。欲をいえば、ミャンマーのいまを通じて、世界秩序の危うさを再認識し、価値観を異にする他者や容認し難い不正義とどうかかわるべきなのかを考えるきっかけになれば、筆者にとって望外の喜びである。

最後に、各章の概要を記しておく。

序章では、ミャンマーという国をどうみるのかについて、筆者の基本的な視座を提示したい。また、本書が主に対象とする時代よりも前の時代についても、大きな流れをまとめておこう。

第1章は、民主化運動について考える。一九八八年、ミャンマーで大規模な反政府運動が発生した。学生主体の反政府運動は、アウンサンスーチーを政治指導者とすることで、民主化を求める大衆運動へと変容し、軍と民主化勢力という基本的な対立構図が生まれる。両者の対立の過程を考察しよう。

第2章は、一九八八年から二〇一一年まで続いた軍事政権についてである。ミャンマーの軍事政権は、国民から反発を受け、欧米の制裁で国際的に孤立し、経済も停滞したが、それでもなお、二三年間続いた。どうしてこんなことが可能だったのか、その理由を探る。

第3章は、長い軍事政権からの転換に焦点を当てる。二〇一一年三月の民政移管と、そこから五年間続いたテインセイン政権下の政治と経済が考察対象である。長く停滞してきたミャンマーがなぜ急速に変わったのかを検討しよう。

第4章で論じたいのは、アウンサンスーチー政権の実態である。民主化の大きな進展といってよい二〇一六年のスーチー政権成立は同時に、長年の政敵が共存する不安定な政権のはじまりともいえた。スーチーの夢はどの程度実現して、何に失敗したのかを掘り下げたい。

第5章では、二〇二一年二月一日に起きたクーデターとその後の余波を検討する。クーデターは市民の抵抗を呼び、それを軍が力で抑え込もうとしたことで急進化してしまう。だましだまし維持されていた民主主義はなぜ崩壊したのか。軍はなぜ自国民に銃を向け、何を実現しようとしているのか考えたい。

第6章では国際社会の動向に目を向けよう。ミャンマーの民主化や経済開発を支援した国際社会は、どうしてクーデターを未然に防ぐことができず、また、クーデター後の混乱に手をこまねくしかないのか。国際政治の複雑な力学を読み解く作業をしたい。

終章では、本書の内容をまとめたうえでミャンマーの今後を考える。シナリオとして描くことができるのは、決して明るい未来ではない。軍の統治は難航しそうだが、抵抗勢力による革命も実現しそうにない。困難な現実を直視したうえで、日本にできることはあるのか、あるとすればそれは何なのかを考える。

目　次

凡　例

（一）一九八九年に当時の軍事政権が英語の国名と都市名を変更している。Burma（ビルマ）という国名が Myanmar（ミャンマー）になり、Rangoon（ラングーン）という都市名が Yangon（ヤンゴン）になった。その他にも、Irrawaddy River（イラワジ川）が Ayeyarwady River（エーヤワディ川）になるなど、よりビルマ語名の発音に忠実な英語標記が用いられている。本書では読みやすさを考慮して、変更前についても、現代の国名と地名を一貫して用いる。ただし、地名や（三）で言及する民族名を含む組織名については定着している名称を使用する。

（二）行政区画名の一部が二〇一一年に変更され、それまで管区と訳されていた Division（ビルマ語でタイン）が Region（ビルマ語でタインデータージー）に変更された。Region は地域や地方域と訳されることもあるが、耳慣れない表現であるため、本書では管区という行政区域名を引き続き使用する。

（三）民族名については、ビルマ人、カイン人、シャン人といったかたちで「人」をつけて表現する。「ミャンマー人」と表記した場合は、ミャンマーの国籍を持つ者（および持つ資格があるとみなせる者）を意味する。

（四）公用語はビルマ人の言語であるため、ミャンマー語ではなくビルマ語と表記する。

（五）ビルマ人をはじめとするミャンマーの民族にはいわゆる姓を持たない者が多い。その場合は姓名を区切るときに使う「・」は用いない。例外として、敬称を伴う名前やペンネームが通称となっている場合（初代首相のウー・ヌなど）は、「・」を使う。また、軍事作戦の功績に対して授与される武功勲章のひとつである「トゥラ賞」を受けた軍人は、慣例として名前の前に「トゥラ」がつけられるため「トゥラ・名前」で表記する。

（六）引用に含まれる括弧内の記述はすべて著者による補足である。

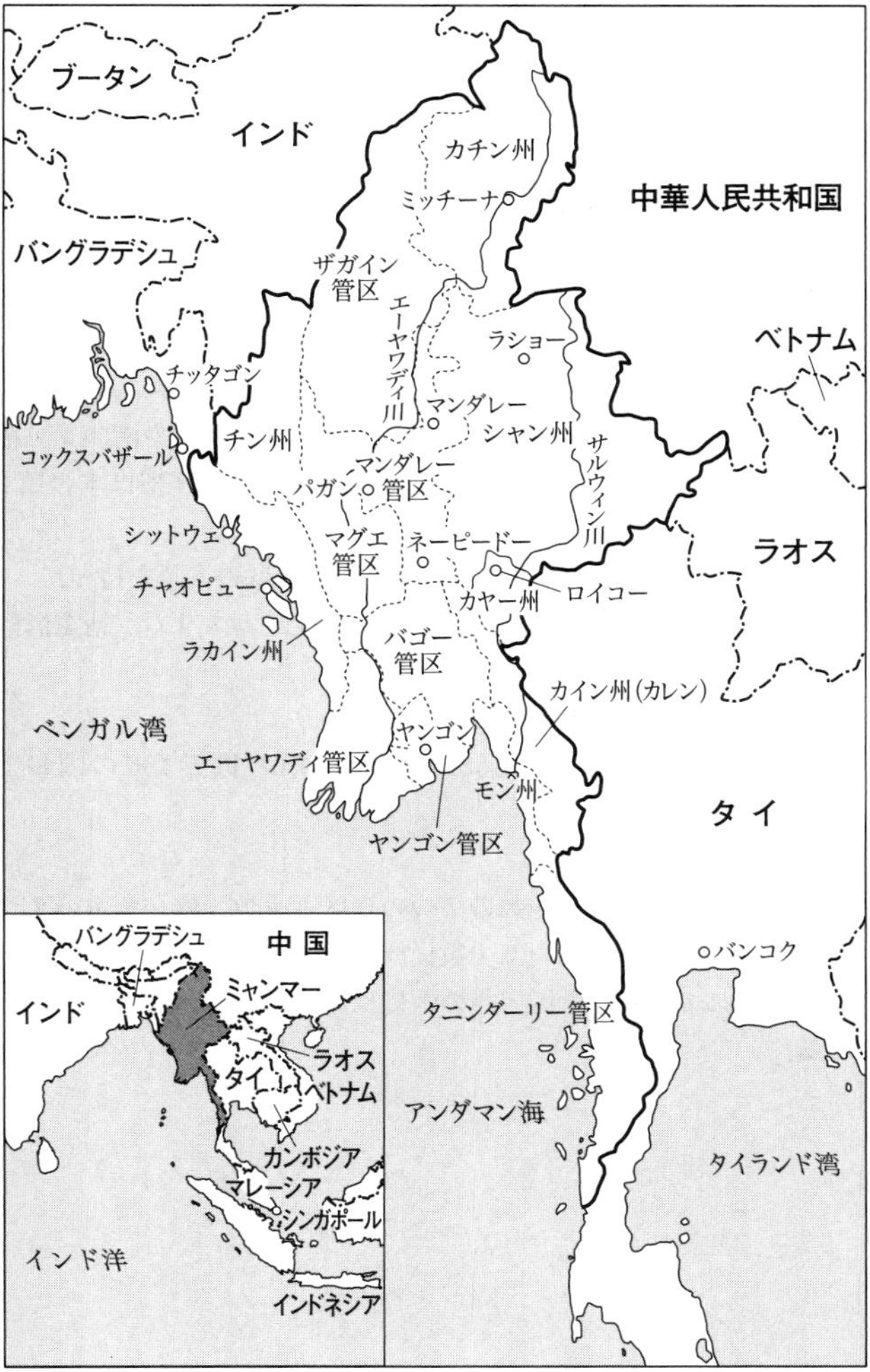
ブータン
インド
バングラデシュ
中華人民共和国
カチン州
ミッチーナ
ザガイン管区
エーヤワディ川
ラショー
ベトナム
チッタゴン
マンダレー
シャン州
チン州
サルウィン川
コックスバザール
マンダレー管区
パガン
シットウェ
マグエ管区
ネーピードー
ラオス
チャオピュー
ロイコー
カヤー州
ラカイン州
バゴー管区
カイン州(カレン)
ベンガル湾
ヤンゴン
エーヤワディ管区
モン州
タイ
ヤンゴン管区
バンコク
タニンダーリー管区
アンダマン海
タイランド湾
バングラデシュ
中国
ミャンマー
インド
ラオス
タイ
ベトナム
カンボジア
マレーシア
シンガポール
インド洋
インドネシア

ミャンマー基本情報

面積：676,600 平方 km　※日本の約 1.8 倍

人口：5,141 万人（2014 年人口センサス）

首都：ネーピードー

主要都市：ヤンゴン（人口約 500 万人）

民族：多数派民族はビルマ人で約 7 割．他に民族としてカチン人，チン人，カヤー人，カイン人，モン人，ラカイン人，シャン人などがいる．公的には 135 民族とされるが，華人や南アジア系のひとびとが含まれていないなど問題が多い（詳細は本書第 3 章）．

公用語：ビルマ語（その他，各少数民族が独自の言語を持つ）

宗教：仏教徒が約 9 割，他にキリスト教徒，ムスリム，精霊信仰など

GDP（名目）：812 億米ドル（2020）

1 人あたり GDP（名目）：1,527 米ドル（2020）（世界 196 の国および地域中 156 位）

通貨：チャット

行政区画：ビルマ人が多数の 7 つの管区と少数民族が多数の 7 つの州とに分かれる．一部少数民族には「行政自治区」の地位が認められている．管区・州の下には県，郡，村落区／町区がある．

序章　ミャンマーをどう考えるか

1　クーデターの衝撃

未明の政変

二〇二一年二月一日、まだ夜も明けていない午前四時頃のことだった。

ミャンマーの首都ネーピードーの中心部、政府幹部の家が並ぶゼーヤーテイッディ地区には、この国の最高指導者であるアウンサンスーチー国家顧問の公邸もある。そこに軍の部隊が侵入した。警備のために常駐しているはずの警察官は、上司の指示を受けて、すでに持ち場を離れていた。スーチーは無抵抗のまま部隊に連行される。

同じ頃、スーチーの側近であるウィンミン大統領は、公邸で軍幹部二人と向き合っていた。軍幹部は大統領に辞任を迫った。健康上の理由だと言えばよいとウィンミンに伝えたという。大統領はその要求を拒絶し、拘束された。

他の政府幹部、与党幹部や一部の政治活動家も、ネーピードーや最大都市ヤンゴンなど各地で、ほぼ同じタイミングで捕らえられている。連邦議会の議員宿舎は、兵士に囲まれて出入りができなくなる。ヤンゴンにある中央銀行も軍の部隊に占拠されていた。通信手段は一部遮断されて、ほんのわずかな軍関係者以外、何が起きているのかを把握することはできなかった。クーデターとしては、ほぼ完璧な作戦遂行だったといってよい。

スーチーの拘束から四時間ほどあとには、軍出身の副大統領が、大統領代行として憲法第四一七条にもとづく非常事態宣言を発令し、同第四一八条(a)により軍最高司令官が国家の全権を掌握。翌日には国家行政評議会(SAC)という名の最高意思決定機関が設置された。

軍と独裁の国

絵に描いたような軍事クーデターである。その一報に驚くひとたちも多かったはずだ。ミャンマーでは民主化が進んでいたのではないか。経済も順調に発展していたのではないか。軍事政権なんてもう過去の話だろう。そう思われていたからだ。

ところが実際には、この国で軍が政治から切り離されたことは、これまで一度もなかった。時代ごとにその範囲や介入の度合いには違いがあるものの、軍は常にミャンマーの政治、経済、社会、あらゆる領域で強い影響力を保持してきた。

一九四八年一月四日の独立から現在(二〇二二年)まで、軍がこの国を統治した期間は約五二年におよぶ。いまもその数字は延びている。これは、独立から約七割の期間、この国が軍の統治下にあったということを意味する。そのうち、憲法が存在しないまま軍が直接統治した期間は三八年と、憲法があった期間より長い。

国政選挙は、独立前の制憲議会議員選出のための選挙を含めると一二度実施されてきた。一党制下や軍の管理下で行われた選挙が五度。いずれも不自由であり、不公正なものだった。自由で公正な選挙は七度ある。うち四度は一九四〇年代後半から一九六〇年にかけて実施された。残りの一九九〇年以降に行われた三度の選挙のうち、軍が選挙結果を無効にしたことが二度あって、一九九〇年総選挙が一度目、そして、二〇二〇年総選挙が新たに加わった。

要するに、憲法や選挙のような公式の政治制度が定着していないのである。

一方、最高指導者の統治期間は長く、独裁が政治指導の基本となってきた。独立から七四年、ミャンマーの指導者は七人しかいない。そのなかで、独裁者の名にふさわしいのは二人だ。ともに軍人である。

まず、一九六二年から軍事政権を率いたネーウィン将軍がいる。太平洋戦争中に日本軍の秘密工作により軍事訓練を受けて軍人となったこの人物は、一九四九年に軍最高司令官に就任していた。クーデターでの政権掌握後、国家元首の地位に二六年間留まった。軍中心の国家の基礎をつくった人物だといってよい。

次に、一九九二年から二〇一一年まで、一九年間にわたって最高指導者の地位を占めたのはタンシュエ将軍である。中部の町チャウセーで育った元郵便局員は、軍内でのし上がり、軍幹部からなる最高意思決定機関（国家法秩序回復評議会〔SLORC〕、のちに国家平和発展評議会〔SPDC〕に改組）の議長と軍最高司令官の地位、両方を占めて権勢を振るった。民主化運動で揺らいだ軍の支配を再建し、二〇一一年の民政移管を準備した人物である。

この二人の在任期間が圧倒的に長く、軍のトップが独裁的に統治することで秩序をつくってきた国だといえる。彼らに続くのは、初代首相のウー・ヌ（約一二年間にわたり首相を三度歴任）と、二〇一六年に国家顧問となったスーチー（クーデターまで約五年、現在も在任中とみなせば執筆時点までの六年強）と、二〇一一年の民政移管で大統領に就任したテインセインの五年となる。

軍が目指しているもの

話をクーデターに戻そう。そもそも軍はいったい何を目指しているのだろうか。

目指しているのは大きく二つの目標だ。まず、スーチーとその支持者たちを権力の座と政界から排除すること。そして第二に、テインセイン政権時代（二〇一一―一六）のように、権威的で保守的な政府が、一定の自由を社会に認める体制に回帰することだ。今回の政変を、かつての軍事政権時代に国を戻すためだという見方もあるが、筆者はそう考えていない。ミンアウンフラインの行動や発言、国家治安評議会や閣僚の人事、周囲の証言などを総合すると、彼に軍の直接統治を長く続けるつもりはないだろう（意図に反して続く可能性は十分ある。ここはあくまで狙いの話だ)。

ミンアウンフラインが回帰を目論むテインセイン政権期は、一九八八年から続いた軍事政権のあと、二〇一一年の民政移管からはじまった。軍事政権時代の首相であるテインセインを大統領とする政権の下で、政治、経済、外交、あらゆる分野で改革が進んだ。バラク・オバマが米国大統領としてはじめてミャンマーを訪問し、また、日本政府による支援が急速に拡大したのもこの頃だ。

軍にとってもこの時代は悪くなかった。大統領であるテインセインも含めて、政権や議会の中枢には退役将校たちがどっかと座っていた。彼らは退役しているので形式的には文民ではあるけれども、ついこの間まで軍の幹部だったひとびとである。ミャンマーでは上下関係を広く「サヤーとダベー」(師と弟子)の関係だと表現するが、政権には、現役の軍幹部にとってサヤーにあたる元上官たちがいたわけである。

さらに、七%を超える経済成長や、不動産価格の上昇、海外からの投資の流入で、エリートや軍系企業の実入りも増えた。ロシア製の戦闘機を含む軍備品の質や量も上がったし、軍幹部のもとに海外から要人が訪問し、諸外国や国際会議にも頻繁に招かれるようになった。

だがこれは、軍の目からみた風景でしかない。軍にみえていなかったものがある。それは、テインセイン政権に生まれた「政治の包括性」である。もっと簡単にいえば、スーチーが憲法を受け入れ、なおかつ議員(当時は野党)であることが大事だった。

前述したように、ミャンマーでは公式の政治制度が定着してこなかった。権力を巡る競争にルールを与え、統治機構の構造や機能を定める憲法も、一九八八年から長らく存在しなかった。それが二〇〇八年に軍主導で起草された新憲法ができて、スーチーと、その政党である国民民主連盟(NLD)は、連邦議会の補欠選挙に参加していた。スーチーが下院議員となったのは二〇一二年五月のことである。

スーチーが議員になるということはつまり、民主化勢力が軍事政権下で起草・成立した憲法を、渋々ではあっても、政治の基本ルールとして認めることを意味した。多様な勢力が国家権力を巡って競争していても、皆が一定のルールに従う。これが「政治の包括性」の意味するところである。

もしスーチーが憲法を認めていなければ、軍事政権色の抜けない同政権を国際社会が容認して後押しすることもなかっただろう。テインセイン大統領の改革も中途半端なものにとどまっていたはずだ。この「政治の包括性」がいかに重要であるかに、軍は無自覚だった。スーチーという政敵を排除すれば丸くおさまる、そう考えたのだろう。だが、一〇年間の自由化と民主化の進展をへて、力での政権掌握を許す社会ではもはやなくなっていた。

民主主義の後退

スーチー政権の事実上の崩壊で、世界の民主主義がまたひとつ後退したという見方もできる。正しいとは思う。たしかに、二〇年を超える政治闘争の末になんとかかたちになった、よちよち歩きのミャンマーの民主主義はクーデターにより現在、危機を迎えている。

ただ、正しいと思う一方で物足りなくも感じる。民主的な政治制度がなくとも、政治が安定して、経済が発展する国は過去にいくつもあったし、いまもあるからだ。たとえば、一党制の中国やベトナム、実質一党制のシンガポールがそうだろう。クーデターが多発し、憲法が頻繁に改正されてきた隣国タイでも、政変の数のわりには、政治体制は安定し、クーデターが経済の極端な悪化を引き起こすことはない。制度的には民主制であるフィリピンでは、麻薬の売人に対する超法規的な殺人を容認する大統領への国民からの支持は厚かった。

ミャンマーはどうか。クーデターの結果、民主化の流れが逆行するというだけではない。社会の自由、経済、外交関係、あらゆる面でこの一〇年の発展は水の泡となりそうだ。経済は低迷し、国内外に紛争から逃れる難民が発生して、人道上の危機が懸念されている。それでも軍はクーデター時の目標を改めようとしていない。この国を待つのは、しばらくは混迷と停滞だろう。問題の根はより深く、民主主義の後退という言葉では不十分だと感じるほど、政変のインパクトはずっと深刻なのである。

クーデターが変える歴史

クーデターのインパクトをより正確に理解するには、この国のクーデターの歴史をみるとよい。軍が常に政治に関与してきたこの国で、クーデターは歴史の転轍機であった。

図表序-1はこの国の政治体制を整理したものである。大きく五つの時代に区分することができる。政党政治の時代(一九四八―六二)、社会主義的軍事政権の時代(一九六二―八八)、直接軍事政権の時代(一九八八―二〇一一)、権力分有の時代(二〇一一―二一)、新たな直接軍事政権の時代(二〇二一―)である。うち、三つの時代がクーデターを契機にはじまっている。

図表序-2では独立以来ミャンマーで起きたクーデターを整理している。回数としては四度で、失敗はなく、すべてを軍のトップが主導して政権掌握に成功してきた。

最初のクーデターは一九五八年一〇月二八日。与党の分裂に伴う政党政治の混乱が政変につながった。軍はウー・ヌ首相に圧力をかけて、軍最高司令官に国家権力を一時的に移譲させた(Callahan 2003)。ビルマ語で「エインザウン・アソーヤー」(暫定政府)や「ボージョウッ・アソーヤー」(将軍政府)と呼ばれる選挙管理内閣として一年半ほど統治したあとに、軍は兵舎に戻っている。

二度目は、一九六二年三月二日のことだ。この日の未明、軍最高司令官ネーウィンの命を受

図表序－1　ミャンマーの政治経済体制

	政党政治の時代	社会主義的軍事政権の時代		直接軍事政権の時代	権力分有の時代		新たな直接軍事政権の時代
	1948-1962	1962-1974	1974-1988	1988-2011	2011-2016	2016-2021	2021-
起　点	独　立	クーデター	民政移管	クーデター	民政移管	選　挙	クーデター
指導者	ウー・ヌ	ネーウィン		タンシュエ	テインセイン	アウンサンスーチー	ミンアウンフライン
指導原理	強い首相	独　裁		独　裁	集団指導	強い国家顧問	独　裁
正統性	民主主義	ビルマ式社会主義		国家の危機	規律と繁栄	民主化	憲法護持と暫定政権
憲　法	1947 年憲法	憲法無し	1974 年憲法	憲法無し	2008 年憲法		2008 年憲法？
政治体制	議院内閣制	軍事評議会	一党制／軍参加	軍事評議会	大統領制／軍参加	変則大統領制／軍参加	軍事評議会
経済体制	市場経済	計画経済	計画経済	市場経済	市場経済	市場経済	市場経済
外　交	開　放	閉　鎖	部分的開放	制裁下での開放	開　放	開　放	制裁下での開放

図表序-2　ミャンマーのクーデター一覧

	1958年クーデター	1962年クーデター	1988年クーデター	2021年クーデター
発生日	1958年10月28日	1962年3月2日	1988年9月18日	2021年2月1日
政権掌握	成　功	成　功	成　功	成　功
首謀者	ネーウィン	ネーウィン	ソーマウン	ミンアウンフライン
公的理由	選挙管理	国家分裂の阻止	社会混乱の収束	選挙不正
犠牲者	なし	1名	弾圧により多数	弾圧により多数
クーデタータイプ*	入れ替え型	体制変革型	体制変革型	混合型

＊クーデタータイプには「入れ替え型」とは「体制変革型」がある．前者は統治機構の基本構造はそのままでその幹部の顔ぶれを入れ替えるための軍の介入で，後者は統治の仕組みを変える政治介入のことを指す．後者の方が社会経済へのインパクトは大きい(Kim & Sudduth 2021)．

けた部隊が政権幹部を拘束した。軍幹部一六人からなる国家革命評議会が結成され、国家の全権を握った。前回のクーデターと違って、兵舎に戻るつもりはネーウィンにはなく、国家の根本的な変革を目指して、政治経済体制の社会主義化を進めた。

三度目のクーデターは、一九八八年九月一八日に起きる。この年、全土に拡大した反政府運動とそれに伴う社会の混乱を抑え込むという大義名分で、軍がクーデターを決行した。このクーデターを軍のナンバー2として主導したのが、タンシュエだった。一九七四年憲法が廃止され、そこから二三年間にわたって、軍による事実上の直接統治が続く。

そして、二〇二一年二月一日に四度目の

クーデターが起きたわけである。軍は、憲法の非常事態宣言条項にしたがって国家権力を掌握したと主張するが、今回の事件を合憲だと理解するものは国内外でも少数だろう。

時代に逆行する軍

軍による強引な政権の奪取だけでも事件だが、政権を奪取したあとの軍の行動にも注意を払わなければならない。ミャンマーの場合、アジアで同時代に政治に介入した他国の軍とはやや異なる行動を起こしている。

一九五〇年代末から六〇年代、同じく軍事クーデターが起きた韓国やタイ、インドネシアでは、軍は反共主義の立場を明確にし、国内市場の開放と経済開発を重視する体制に転換するきっかけをつくった。開発体制や開発独裁と呼ばれるものの起点である。ところがミャンマーでは、国家権力を握った軍が、共産主義をモデルとして一党制を敷き、計画経済を導入して、さらには、東西両陣営に対して鎖国と呼ばれるほど国を閉じた。

次いで、一九八〇年代末から九〇年代にかけて、アジアでは韓国、台湾、フィリピン、タイ、インドネシアで民主化が進んだが、ちょうどそのタイミングで起きた民主化運動に、ミャンマー軍は極めて反動的な対応をした。こともあろうに、クーデターで国家権力を掌握し、市民に向けて実弾を発砲したのである。三〇〇〇人ともいわれる犠牲者が出る。加えて、複数政党制にもとづく選挙を実施したものの、望まない選挙結果を受け入れずに軍が統治を続けた。

そして二〇二一年の政変は、約半世紀ぶりに市民の政治参加が拡大し、念願の経済成長も達成されて、グローバル化の波に乗ろうとしていた最中に起きた。デジャブのように、再び度を超えた市民への弾圧が続き、軍に対する諸外国からの批判と圧力が強まっている。

ミャンマー軍は、クーデターで国家の運転席に座るたびに、内外の変化への適応に失敗してきたのである。

本書で考えること

この失敗の原因とは何か。

暴力だろう。未明の指導者拘束、市民の抵抗に対する弾圧、自国内で民間人を巻き込んでも続けられる掃討作戦と空爆など。クーデターだけでもわたしたちには驚きだが、そのあとの軍による暴力の行使には、異様さすら覚える。この国では、超法規的な暴力が権力闘争の雌雄を決する手段になってしまっている。

マックス・ウェーバーによる古典的な定義にあるように、近代国家は暴力の独占的管理の意思を特徴とする(ウェーバー 2018)。法の執行も、その背後に最終手段としての暴力がなければ効果には限界がある。ただし、その暴力が濫用されると、逆に統治は乱れ、社会に混乱を生んでしまう。思慮深く行使されない国家の暴力は、国家によって抑止されている暴力と変わらないか、それ以上の危害を社会に与えるのだ(ピンカー 2015)。

二〇二一年の政変は、この、近代国家の一丁目一番地である暴力の管理が、この国でうまくいっていないことを、わたしたちにあらためて示した。民主主義の後退という見方だけでは、いまのミャンマーをとらえきれない理由はここにある。ミャンマーは近代国家建設の初期段階でつまずいているのだ。

いったいなぜ、この国では暴力の管理がうまくいかないのか。

この問題意識を念頭に、ミャンマーの現代史をまとめることが本書の目的である。起点は一九八八年の民主化運動の勃発だ。そこからはじまる軍の統治と民主化運動との相剋を、地域の文脈と社会科学の一般的視点をともに意識しながら論じていく。そのうえで、二〇二一年の政変の理由とこの後の行方を見通したい。

2　歴史的背景

さて、本論に入る準備運動として、ミャンマーの近代史と、そのなかでかたちづくられた基本構造、さらに軍による政治関与の要諦を、筆者なりに整理しておく。

国民国家とは何か

ミャンマーという国は根本的に不安定である。ここがすべての出発点だと考えて欲しい。その原因はこの国の成り立ちにさかのぼる、国家と社会との間の齟齬にある。

まずは原理的に考えてみよう。国民国家とは何か。国民国家とは、政治共同体(それへの帰属意識も含む)である国民と、統治のための組織である国家(ここでは近代的な国家のこと)、これらが組み合わさって、社会に秩序を与えるシステムである。

国民国家を英語で nation-state のように、国民を意味する nation と、国家を意味する state をハイフンでつないで表現することがあるが、両者は、集団と機構という本来別のものである。ここで集団とは、国民として同胞だと感じたり、みなされたりするひとの集まりのこと。機構とは、一定の基準で出入りする成員がいて、規則にもとづき目的をもって集団行動にパターンを与える制度のことである(Anderson 1991)。

国民という共同体が先にあって、その共同体の自治から国家という統治機構が生まれたと理解してはいけない。それは、ナショナリズムが生んだ神話に過ぎない。近代国家は、その存在論的な意義、つまり、なぜ特定の集団や組織がひとびとを支配していいのかという理由を、神からの授権や被支配者(国民とは限らない)の利益に求めることはあっても、国民の意思やその承認に求める必要はなかった。国民国家が生まれたヨーロッパですらそうだったのだから、植民地支配によって近代国家が植え付けられた場所ではますます、国家は先にあり、国民はあとから生まれた。

そして、次第に国家が国民のために存在することが当然の規範になっていく。この転換を哲学者ハンナ・アーレントは、法学者ジョセフ・トーマス・デロスの用語を用いて「国民による国家の征服」と呼んだ(アーレント 1981)。

不安定の根源

ミャンマーで近代的な国家による統治が移入されたのは一九世紀のことである。この地域を支配してきた王朝であるコンバウン朝を、三度の戦争の末に廃止した英国は、現在のミャンマーにあたる地域を英領インドの東端に組み込んだ。植民地主義的な国家の原理は、法律にもとづく支配と、経済的利益の追求である。それは、現地に長くあった統治原理とは異質のものだったが、英国の圧倒的な富と軍事力が、地球の裏側でも、異質の統治機構建設を可能にする(Furnivall 1939)。

一方、国民という集団意識は、主に一九世紀から二〇世紀にかけて世界に広がった、すぐれて近代的な現象である。ミャンマーで民族運動の萌芽がみられたのは一九一〇年代のこと。近代教育の拠点である大学がその起点になった。一九二〇年代には民族の自治という理想が主にエリートの間で広がり、その実現を目指す政党や社会組織が生まれる。

ちょうど同じ頃、英領インド全体で進んでいた自治制度の拡大にともなって、ミャンマーでも自治や独立を求める機運が高まった。しかし英国は、自治についてはある程度認めても、独立を付与する気はなかった。独立を求めるひとびとは不満を溜めていく。その結果、一九三〇年代に入って、若い政治活動家たちの運動が急進化、左傾化していったのも不思議なことではなかった。彼らは暴力革命を通じてでも既存の支配構造を変えることを目指した。その代表的な政治勢力がタキン党(正式な組織名は「我らビルマ人協会」)である。タキン党の若きリーダーがアウンサン。スーチーの父親だ。

ただ、国民意識が社会に広く共有されるには限界があった。ミャンマー社会が、言語や文化、宗教の違う多くの民族によって分断されていたからである。しかも、中央平野に多い多数派民族のビルマ人と、周辺部に多いその他の少数民族で、地理的に住む場所が分かれていた。また、東北部のシャンや北部のカチンなどは統治の効率性の観点から英国は間接統治を敷き、「ソーブワ」などと呼ばれる地元の領主が支配力を保持した。

そのうえ、新たな移民が流入する。この時代に開発が進んだ南部のエーヤワディ・デルタ地帯はもともと人口が希薄で労働力が不足していた。植民地政府が移民を奨励したため、より人口密度が高い中国やインドからひとびとが移り住む。ミャンマーの場合、最も多かったのは、インド南部から来た短期移民の労働者で、男性が多く、彼らは都市部で貧困層を形成していった。一九三〇年代、ヤンゴンの人口の約半数が、そうした移民だった。

一方で、商人や金貸し、実業家など、経済的な成功者の多くも、インドや中国からの移民が占めるようになった。そのため、「外」から来たひとびとに搾取されているという意識が現地人の間に生まれる。民族による自治という反植民地主義的な理想だけでなく、経済格差がもたらした植民地社会内部での被害者意識や排他的な思想もまた、ナショナリズムの一部になったのである。

これはなにもミャンマーだけのことではない。多くのナショナリズム研究が明らかにしてきたように、ナショナリズムの実態は、複雑かつ矛盾だらけの思想と運動の集合体である。「我々が誰か」を定義することが、常に「我々ではないものは誰か」を定義することと同じであるように、連帯と排他性を内包する。ましてや分断されたミャンマー社会だ。国民という共同体意識の形成は一筋縄ではいかなかった。

独立がもたらした危機

ヨーロッパでの第二次世界大戦の勃発とアジアでの太平洋戦争の勃発が歴史を動かす。

一九四二年に日本軍がミャンマーに侵攻した。日本軍は、英国の統治下では抑え込まれていたナショナリズムの発露を許容し、ときに煽って、自身の統治に利用しようとした。日本軍政下とその後の対日抗争で高揚したナショナリズムは、日本の敗戦後に復帰した英国が抑えきれるものではなく、また、大戦で疲弊した英国に、アジアの広大な植民地を維持する国力は残っていなかった。独立運動を主導したアウンサンは、このチャンスを逃さず、一気呵成に英国政府との交渉を進めた。そして、一九四八年一月四日、ミャンマーは独立する。

独立はナショナリストたちの長年の夢の実現ではあったが、まったくの見切り発車だった。しかも、肝心のアウンサンが独立直前に政敵によって暗殺されてしまう(一九四七年七月一九日)。独立交渉の牽引役で統合のシンボルになりえた指導者を、この新興独立国は失ってしまった。

アウンサンに代わって初代首相に就任したウー・ヌは、ヤンゴン大学での学生運動時代からアウンサンとともに歩んだ盟友である。彼が領袖のひとりである政党の名は、対日抗争時の統一戦線の名称をそのまま引き継ぎ、反ファシスト人民自由連盟(AFPFL、ビルマ語の略称はパサパラ)という。独立直前の選挙で大勝し、議会での安定多数を確保していた。政権運営のための条件は決して悪くなかったといえる。

ところが、政権の手足となるはずの国家機構が、ひどいありさまだった。

私の眼前にあるのは、ぽんこつ自動車だった。ガソリン・タンクとラジエーターには穴が空いていて、タイヤは前後ともにパンクしている。自分は、一度も運転を習ったことがなくて、一度か二度、遠くから車を見たことがあるだけだ。それでこの車をいまから運転する。しかも、想像しうる限り最悪の道の上を、だ。

ウー・ヌの自伝的著作『土曜生まれの子』(*Saturday's Son*)にある、当時の国家機構を自動車にたとえた比喩である(U Nu 1975)。ぼろぼろの国家の様子はもちろんのこと(白石 2000)、初代首相が受けるプレッシャーもまた想像できるだろう。

当時、ミャンマーはフィリピンと並んで東南アジアにおける民主主義の優等生とみなされていた。たしかに制度面をみれば、独立後のミャンマーは、英国型の議会制民主主義で、市場経済を採用し、少数民族地域に配慮した連邦制を採用してはいた。ところが実際は、英国型の民主制を偽物だと考える急進派が、野党はもちろん、与党内にも多くいた。また、連邦制といっても、一部の少数民族州には一〇年後の分離権が憲法上で保障されていた。独立から一九六〇年代初頭までのミャンマーは、模索と混迷の時代だったといえる。

この新興独立国は激しい紛争に直面する。独立からわずか約二カ月後の一九四八年三月、タキン・タントゥンが率いるビルマ共産党（ＢＣＰ）が武装蜂起した。一九四九年には、後に世界で最も長く武装闘争を続ける組織になるカレン民族同盟（ＫＮＵ）も蜂起。そのあとも、日本軍政下で動員された兵士の除隊後の受け皿となった人民義勇軍（ＰＶＯ）が武器をとるなど、独立や自治の拡大、さらに革命を目指す動きが相次いだ。軍の歩兵大隊がまるごと共産党の蜂起に加わる事態も発生する。国家の存続にかかわる深刻な危機だといえよう。

国内紛争ばかりではない。当時は冷戦のまっただなかである。ミャンマーを含む東南アジア大陸部全体が国際介入に直面していた。一九四九年には中国で共産党に敗れた国民党軍の残党が、ミャンマー東北部のシャン州に侵入する。当初は一五〇〇人程度だったものが三年ほどで一万人を超えるとされる。ミャンマー軍が駆逐を試みるも、国民党軍との間には、組織、装備、戦闘経験に歴然とした差があって、あえなく惨敗した。結局、一九六〇年に制圧に成功するまで、一〇年強にわたって国民党軍の残党はこの地に留まった（Taylor 1973）。

この間、米国の中央情報局（ＣＩＡ）が国民党軍を密かに支援しており、ミャンマー政府による再三の抗議を受けても、米国がその支援を停止することはなかった。さらにＣＩＡは内政干渉にも精を出し、ミャンマー国内の少数民族武装勢力に対して、ビルマ共産党に対抗するように秘密裏に資金提供をしていた。

東に目を移せば、当時のインドシナは、冷戦でなく熱戦の場だ。ベトナムではベトナム独立同盟会（ベトミン）とフランス軍との間で戦争が勃発していた（第一次インドシナ戦争）。ラオスでは、CIAが少数民族であるモン人のゲリラ部隊を養成し、北ベトナム軍に対抗させようとしていた。このままではミャンマーも「第二のベトナム」「第二のラオス」になってしまう、そうした危機感がミャンマー軍指導者たちにあった。

軍の処方箋

脆弱な国家と、分断された社会、さらに大国の介入を受けやすい国際環境。一九六二年に起きたクーデターとその後の国家の再編は、軍が執刀する緊急外科手術のようなものだった。結果として患者は生き延びる。すなわち、国民国家の破綻は起きなかったのである。一九七〇年代末には国内武装勢力の多くは国境付近へと押しやられ、中央平野部の治安は落ち着く。インドシナ三国のように、泥沼化する国際介入も生じなかった。

だがここで、軍の政治介入が成功だったと言いたいわけではない。軍が介入しなくとも国民国家の統合は維持されたかもしれない。また、軍による統治が、この国を経済停滞と国際的孤立に追いやったことは事実で、国家統合の代償としては大きな損失だった。ここで大事なのは、そうした犠牲を払ってでも軍が実現しようとしたものが何なのかを知ることだろう。それがいまも軍の行動原理になっているからである。

一九六二年のクーデター以来、軍が主導した統治は、国民国家としての統合、すなわち国内安全保障を最優先にする危機管理型の統治である。この統治の中身を詳しくみると、三つの柱がある。軍を屋台骨とする国家の編成、社会経済の統制、孤立主義の外交だ。

（1）軍を屋台骨とする国家の編成

一九六二年からの社会主義化で進んだのは、「革命」（トーフランイェー）の名のもとでの軍の政治、行政への介入と、中央集権国家への再編だった。ネーウィンは軍の機構と将校を使って統治機構全体を建て直そうとした。各省の大臣・副大臣に現役軍人、退役軍人が就任しただけでなく、内務省の地方行政機関を中心に、各省の幹部ポストに軍将校が就任する人事慣行が定着する。彼らが政策過程に影響を与えることで、国家安全保障の発想があらゆる政策領域に入り込んでいった。一方で、ライバルとなる政治指導者は政界を追放され、政治から一定の独立性が期待される官僚層や司法府も軍の影響下に入っていった。

（2）社会経済の統制

次に、分断された社会が政治化しないように、軍は社会統制を強めた。労働組合、学生運動、農民組合、女性団体、民族団体、文化団体といった、さまざまな社会団体が官製のものに置き換えられていく。仏教僧侶界(サンガ)も軍事政権が組織化した。厳格な言論統制が敷かれ、民間メディアは当初すべて廃止される。のちに部分的に開放されたものの、そのペースは極端に遅かった。経済も統制の対象となった。社会主義期には資本の国有化が進み、土地の私的所有も否定されて、計画経済化が進んだ。一九八八年に社会主義は放棄されたが、その後の軍事政権下でも、政府の統制は緩まず、市場経済化とは名ばかりの非効率な経済構造が維持された。

(3) 孤立主義の外交

最後に、介入リスクの高い国際環境から自国を防衛するために、対外関係を著しく制限した。東西両陣営から距離をとって、最貧国レベルの経済であったにもかかわらず、諸外国、国際機関からの支援も自ら絶った。一時は鎖国と呼ばれたほどだ。その後、一九七〇年代後半になって対外援助が一部再開されてからも、その外交政策の閉鎖性は大きくは変わらなかった。国際社会(特に欧米諸国)から孤立し、内向きで、ときにゼノフォビア(外国嫌い)と呼ばれるような独特の外交だった。軍の脅威認識や安全保障戦略が生んだ外交姿勢である。

民主化勢力、なかでもスーチーが軍にとって脅威だったのは、こうした危機管理型の統治に真正面から挑戦する指導者だったからである。

カリスマといわれるように、スーチーの演説の才と人気は際立っていて、遊説のたびに老若男女、実に多様で大勢のひとびとが、彼女の話を聞きに集まる。これは社会を統制したい軍にとっては、脅威にほかならない。また、ノーベル平和賞をはじめ、人権と民主主義の象徴として、彼女がしばしば欧米の国々や団体から受けた賞賛は、軍の目には内政干渉と映る。

軍は、この「脅威」であるスーチーを、断続して合計約一五年もの間、ヤンゴンのインヤー湖南岸にある自宅に軟禁した。スーチーには、英国人の夫とふたりの息子がロンドンにいて、出国を望めばいつでもできただろう。しかし、一度国外に出たら再入国は許されそうにないなか、ミャンマーに残って非暴力闘争を続け、一九九九年には夫と死別している。

一九八八年以降、軍の統治に対するスーチーの挑戦がこの国のダイナミズムを生んでいく。民主化勢力の成功物語ではないが、軍による一方的な強権的支配の歴史でもない。国際社会も巻き込んだ複雑な力学がある。それらを解きほぐしながら、次章からこの国の政治・経済・外交について論じていく。

第1章　民主化運動の挑戦（一九八八―二〇一一）

1988年の民主化運動（共同通信）

一九八八年八月八日、西暦で八が四つならぶこの日、当時の首都ヤンゴンをはじめとする都市部で大規模なデモ行進とストライキが敢行された。参加者が求めたのは、一党制の廃止、複数政党制にもとづく民主的議会の導入、社会主義的な経済システムの廃止など、根本的な体制変革である。

七月末から、学生活動家たちが、この日の行動を呼びかけていた。当たり前のことだが、当時は現在とは情報環境がまったく違う。呼びかけるといっても、イベント情報をスマートフォンでソーシャル・メディアに載せて拡散すればいいという話ではない。呼びかけのビラは、紙の原稿をつくり、それを手書きでコピーするか、手動の印刷機で刷って人海戦術でひたすら配る。声明を吹き込んだカセットテープが配られることもあったという。

配るといっても、移動がそもそも簡単ではない。当時のミャンマーに自家用車はほとんど走っていない。貧しさと輸入規制で車自体が少なかった。走っているのは、小型の乗り合いバスと、一九四〇年代に英国が持ち込んでから部品を交換して乗り継がれてきたシボレー社製の中型バス、運送用の日野のトラックや、トヨタのピックアップトラック、公用車にも使われるマツダのジープといった程度。二輪車もほとんど走っていない。ヤンゴンの南に広がるエーヤワディ・デルタ地帯では、川とクリークの網の目を人や物が舟で行き来することが一般的であった。ヤンゴンから第二の都市マンダレーの六〇〇キロ程度（東京―岡山間とほぼ同距離）を一二時間以上かけて列車で移動しなければならなかった。

紙に書かれた情報は言葉となり、口頭でも伝達されていく。きっと、ビラより噂を含む口頭伝達の方が伝播する力は強かっただろう。ただ、口頭での伝達は記憶に残りにくく、間違いも起こりやすい。であれば、わかりやすさを大事にする必要がある。「八」が四つ続く一九八八年八月八日は、その点でとても好都合であった。

もちろん政府も黙って傍観はしない。直前の八月四日に戒厳令を発令している。戒厳令下では軍に広範な権限が与えられる。軍の部隊の配備も強化されて、ヤンゴンでもライフルを抱えた軍人の姿が目につくようになった。集会もデモも禁止。このときにはすでに、軍の弾圧で二〇〇〇人以上が死んでいたので、ただの脅しではないことは皆、知っている。

そうしたなかで八月八日を迎えた。月曜日。午前八時八分。ヤンゴンの港湾労働者が仕事を放棄して行進をはじめると、たちまちその噂が広がった。市街のヤンゴン市庁舎前に各所からデモ隊が向かう。昼前には市庁舎前と、その南にあるマハーバンドゥーラ公園に数万の群衆が集まった。戦う孔雀の旗がたなびき、アウンサン将軍の肖像を手に持つものもいた。国歌と軍歌が歌われ、軍人たちに対してもデモに加わるようにスピーカーで呼びかけられていたという。

マンダレー、ザガイン、シュエボー、パテイン、バゴー、タウングー、ピンマナ、モーラミャイン、ベイ、ダウェイなど、多くの町で同様の光景があった。

この日が象徴的な日となって、いまも、一九八八年の一連の反政府運動は８８８８（シッレーロン、八が四つの意）という言葉で語られる。また、８８８８という言葉の後に、「革命」（トーフランイェーあるいはアイェードーポン）をつけて「８８８８革命」とされることもある。その後も、政府や軍への抵抗が起きるたびに、一九八八年の運動の記憶が想起された。一方で、軍や政府は単に「騒乱」（アイェーアキン）と呼ぶ。暴徒が引き起こした社会の混乱とみなすからだ。

一九八八年にミャンマーは大きく変わった。政治体制が変わり、経済体制も変わった。なかでも重要なのは、アウンサンスーチーが指導者として登場し、国民民主連盟（ＮＬＤ）が軍の統治に抵抗する主流派を形成したことである。本章ではこの民主化運動の拡大、発展、そして苦戦の過程をみていく。

1　一九八八年

喫茶店のけんか

ヤンゴン市街から幹線道路のひとつであるインセイン通りを一〇キロほど北上すると、ヤンゴン工科大学がある。この国トップの工学の研究・教育を行う大学で、もともとは最大の総合大学であるヤンゴン大学の一部だったが、一九六四年に独立の単科大学となり、現在の敷地に移転した。同校には医学校に続いてこの国の秀才が集まった。

この大学の正門の正面にサンダーウィンという名の喫茶店があった。店名はミャンマーでは一般的な女性の名である。喫茶店といっても、竹製の壁に囲まれ、床はなくてむき出しの地面に、小さなテーブルがいくつか。テーブルの周囲には風呂用椅子サイズくらいの木製の腰掛けがある。ラペッイエーと呼ばれるコンデンスミルクがカップの底にたまった甘い紅茶を飲んだり、ナマズから出汁《だし》をとった麺料理、モヒンガーを食べたりする。カセットデッキがあって、テープも豊富で、流行歌がいつも流れていたという。

この喫茶店で事件が起きる。一九八八年三月一二日土曜日の夕刻、男子学生三人がラペッイエーを飲み、ポップなラブソングで人気だったカイザーのテープを持ち込んで流していた。そこに、酒に酔った男の集団が入ってくる。大声で話す彼らもまたテープを持参していた。彼らが聴きたかったのは、サイティーサインというボブ・ディランに強く影響を受けた男性歌手だ。

酔っぱらいはどこでもそうだが、辛抱ができない。なかなか自分たちのテープをかける順番がまわってこないことに男たちは苛立った。ついには大声で自分たちのテープをかけるように文句を言いはじめる。だが、学生たちは無視した。その態度に憤慨した男のひとりが腰掛けを持ち上げて学生ひとりの頭に振り下ろした。イスで殴られた学生は頭から血を流し、残りの学生たちと酔っ払いたちはつかみあいのケンカになった。しかし、工科大学のひ弱な学生たちに勝ち目はなく、その場を立ち去った。頭を負傷した学生を病院に連れて行き、警察署に事件を報告する。報告を受けた警察官は、即座にサンダーウィンに向かい、酔っ払いたちを逮捕した。

ところが翌日、逮捕された男たち全員が釈放されてしまう。学生を木製の腰掛けで殴りつけた男が、地元の人民評議会(社会主義政権下で各郡に設置された「自治」組織)の議長の息子だったからだ。議長から実際に釈放の要請があったのかどうかはわからないが、要請であれ、忖度であれ、父親の地位が釈放の理由だった。その知らせを聞いた学生たちは、議長に抗議するために人民評議会のオフィスを訪れた。

議長は彼らに会うことを拒否した。門前払いをくらった学生たちは怒り、オフィスを破壊した。さらに、キャンパスに戻って、二、三〇〇人を参集して再び人民評議会のオフィスへと向かおうとするその途中に、「ロウンテイッ」と呼ばれる暴動鎮圧を専門とする治安部隊が待ち構えていた。治安部隊に投石する学生に向けて、部隊は実弾を発砲し、約四〇人が犠牲になったといわれる(以上の描写は主に[Lintner 1989]による)。

学生同士のけんか、そこから発展した騒動、そして治安部隊による発砲が、その後の大規模な反政府運動の火種になった。

充満していたガス

すでに爆発が起きるには十分なほどのガスが社会には充満していた。

まず、ネーウィンによる独裁的な支配が二六年目になろうとしていた。公正さと自由を欠いた政治への不満は、都市では広く共有されていた。ヤンゴン工科大学の学生たちが、親族が有力者かどうかで逮捕者の扱いを変える警察に対して抗議したのも、その現れといえる。

次に、経済の落ち込みである。「ビルマ式社会主義」の名のもとでの計画経済は行き詰まっていた。主要産業であるコメの生産が伸び悩み、農産物輸出で資本を蓄積して工業化へという発展の青写真はとうの昔に破綻。コメの輸出量は一九八三年度の八七万トンから、一九八六年度には六〇万トンに減少する(高橋 1998)。国有企業の業績も悪化し、対外債務も膨張した。財政逼迫をうけて政府は、債務返済の優遇を受けるべく、一九八七年には国連に対して後発開発途上国(LDC)認定の申請をし、認められていた。

この頃には、計画経済の限界はすでに世界的に知られていて、中国の改革開放路線がはじまったのが一九七〇年代の末、ベトナムが市場経済化に舵をきるドイモイ(刷新)が提起されたのは、一九八六年のことである。ミャンマーでも政府は自由化に舵を切ろうとしていたのだが、それが事態を逆に悪化させた。一九八七年九月、農民の自由を縛ってきたコメの供出制度を廃止し、コメを含めた九つの主要農産物の取引自由化に踏み切った。供出制度と合わせて基礎消費物資の供給安定を支えていた配給制度も廃止される。そこに仲買人の投機があいまって、急速なインフレが進行した。

インフレに対して政府が打った手もまた悪手。ブラックマーケットに流通している資金を絶つ目的で一部紙幣の廃止、いわゆる廃貨を、有効な紙幣との交換期間を設けないまま実施したのだ。これは、市場の投機的な取引にも打撃を与えただろうが、一般市民への打撃の方がずっと大きかった。しかも、貨幣制度そのものへの信頼を損なうものであった。

運動の拡大

運動の波は、ヤンゴン工科大学から、学生数がより多いヤンゴン大学に伝播していく。ヤンゴン大学はふたつのカレッジが統合されて一九二〇年に創立された総合大学である。学生数は、ヤンゴン工科大学よりずっと多く、非合法とされていた学生の政治運動がより活発だった。

三月一六日にはキャンパス内で学生デモが発生し、ネーウィン体制打倒や革命が訴えられるなど、急進的な要求が掲げられた。そこに、再び治安部隊が動員され、学生たちに多くの死傷者と逮捕者が出る(三月事件)。政府は外出禁止令を出し、運動の火はここでいったん下火になった。運動が再燃したのは雨季がはじまった六月。きっかけは、かつて軍でネーウィンの片腕であったアウンジーの公開書簡である。その書簡は右記の三月事件での治安部隊による残虐行為を告発し、再調査を政府に求める内容で、元軍幹部による告発は学生たちを大いに励ました。

ヤンゴン大学学生連盟、マンダレー大学学生連盟など組織名を公言した声明のビラが飛び交うようになったのはこの頃。六月半ばのヤンゴン大学内の集会には四〇〇〇人以上の参加者がいたという。さらに、ミンコーナイン（ヤンゴン大学学生連盟総書記）や、モーティーズン（全ビルマ学生連盟総書記）といった新しい学生指導者が誕生した。

ネーウィンの辞任

対して政府は、大学の休校措置で運動を抑え込もうとしたが、学外へとデモ行進の場が移ることを助けただけだった。このころから一般市民もデモに参加するようになった。再び政府は治安部隊を動員し、ヤンゴンには夜間外出禁止令を出す。それでも散発的にデモが続いていた頃、思わぬ展開が待っていた。

七月の臨時党大会でネーウィンが支配政党であるビルマ社会主義計画党（BSPP）の議長を辞任する意思を表明したのである。

独裁者が自ら政界引退。おおごとである。ただし、自身の失政に対する反省のようなものはいっさいない。ネーウィンは辞任演説で「軍というのは撃つときには狙いを定めて撃つ」と国民に警告を発したうえで、子飼いのセインルウィンを後任に据えた。これは、学生たちや国民に不満を募らせただけだった。その結果起きたのが、冒頭の８８８８のデモとストライキである。全国の都市で連日、街頭での集会が繰り広げられた。

この経緯をみるとわかるように、ネーウィンを辞任に追い込んだのは学生たちである。スーチーではない。そのため、当時ヤンゴンに滞在していたミャンマー研究者の伊野憲治は、この日のデモとストライキを「８８８８学生決起」と呼ぶ(伊野 2018)。８８８８のあと、運動は大衆による抵抗へと変容していった。その変容を生み出した指導者のひとりがスーチーである。

2　クーデターから選挙へ

カリスマあらわる

スーチーがはじめて演説らしい演説をしたのは、一九八八年八月二四日のこと。場所はヤンゴン総合病院。ネーウィンの指名で大統領に就任したセインルウィンも、一四日間で辞任に追い込まれていて、反政府運動は各地で勢いづいていた。初演説の直前には、新大統領であるマウンマウンの宥和策で集会禁止令が解除されたため、それまで文書でのメッセージ発信に留まっていたスーチーの活動は、街頭へとその舞台を移した。

『アウンサンスーチー演説集』によると、彼女の初演説はとても短い。おそらく五分もないだろう。音声が残っておらず、口調も話す間もわからないが、当時、四三歳ではじめて政治運動の世界に身を投じたのだから、たどたどしかったのかもしれない。

このとき彼女が群衆に対して訴えたことは四つある。まず、自分たちが欲しているのは堅固な連邦の国であること。次に、規律のもとで団結して平和的に意思を示すことの重要性、さらに、団結がなければ国に利益はないこと。最後に、国民の力は大きいが、それは真理（アフマンタヤー）によってコントロールする必要があるということだ。平和、規律、団結、真理、いずれも、その後のスーチーの言説を語るうえで欠かせないキーワードである（アウンサンスーチー 1996）。

演説をするスーチー（ロイター/アフロ）

ところで当時、彼女がヤンゴンにいたのは、まったくの偶然だった。一九六〇年、母親（キンチー）のインド大使就任にともなってニューデリーに生活の拠点を移し、現地の高校とカレッジに通って以来、生活の基盤は常に海外で、主に英国で彼女は生活をしていた。チベットやヒマラヤ文化の研究者である英国人のマイケル・アリスと一九七二年に結婚し、アレクサンダーとキムのふたりの息子をもうけていた。決して珍しくない、外国暮らしの長い途上国出身のエリートである。

一九八五年一〇月から九カ月間ほど、彼女は京都大学の東南アジア研究センター(当時)に客員研究員として滞在している。当時の関係者と話をしても、将来、彼女が政治指導者になると想像できた者はいない。その後、イギリスでロンドン大学大学院の博士課程に入学したが、本格的な学究生活に入る前に、ヤンゴンで暮らしていた母親が体調を崩した。一九八八年のことだ。彼女は母親の看病のために故郷のヤンゴンに戻った。ヤンゴンで生活するのは約三〇年ぶりのことで、そのタイミングでたまたま学生による反政府運動が盛り上がりをみせていたのである。

当初、現地社会からはやや浮いた存在だったようだ。ヤンゴン大学の敷地は、スーチーの家から一キロ程度と目と鼻の先なのだが、彼女の帰国は知られていなかった。彼女がヤンゴンにいることを多くのひとが知ったのは、殉難者の日(七月一九日、アウンサンら一九四七年に暗殺された指導者たちを追悼する祝日)の式典に出席する様子を国営テレビや翌日の国営紙が伝えたためである。ネーウィンの辞任で勢いづく学生たちは、自分たちの声を大衆の声に変えられる指導者を必要としており、彼女が運動に参加することを望んだのはまったく不思議ではなかった。スーチーは学生たちの要請に応える。

NLDの結成

独裁の末期症状が明らかな政府が失政に失政を重ね、市民とスーチーが立ち上がるなか、ついに民主化が進むかと期待が広がったところで起きたのが、軍によるクーデターだった。

一九八八年九月一八日、ソーマウン軍最高司令官が政権掌握を発表。最高意思決定機関として、軍幹部からなる国家法秩序回復評議会(SLORC)を結成した。法秩序(英語でlaw and order、ビルマ語で「ニェインワッ・ピピャーフムー」)という言葉が示唆するように、その第一の目的は治安の安定である。

当時、ヤンゴンのさまざまな地区がバリケードで封鎖されていた。政府職員を追い出して自治を敷く地区もあった。国家権力を握った軍は、約二週間でそうした抵抗を一掃する。実弾の発砲も含めた弾圧で、クーデター前も合わせれば、約三〇〇〇人が犠牲になったといわれる。同時に軍は、複数政党制の選挙を約束した。それが民主化運動への弾圧とともに進められれば、アクセルとブレーキを同時に踏むことに等しい。それでも、軍による選挙の約束は大きな変化ではあった。一九六四年以来禁止されてきた政治政党の組織化が許され、政治参加を拡大させる機会になるからだ。

選挙実施の約束を受けて、クーデターの一〇日後、一九八八年九月二七日にNLDが、スーチー、アウンジー、ティンウーの三人を中心として結成された。

結成人のひとりであるアウンジーは、先にも述べたが、一九五〇年代に軍でネーウィンの片腕だった人物である。軍内では穏健派で、急進的な社会主義化に反対したために、ネーウィンとの間に溝が生まれ、一九六三年に失脚していた。もうひとりのティンウーは、ネーウィンの次の世代の中心的指導者として注目されていた軍人である。一九七四年には軍最高司令官に就任したが、就任から三年で失脚。反逆罪で有罪となって服役し、一九八〇年に赦免を受けて解放されていた。

アウンジーやティンウーは、それぞれが元軍人や仲間を党に引き込み、スーチーは著名なジャーナリストであるウィンティンをはじめとする文民勢力を束ねた。つまり、失脚した軍の元最高幹部ふたりと、スーチーとが手を組んで結成したのが、ＮＬＤだった。

そこから、ＮＬＤが国民の広範な支持を得る政党になり、学生主体の反政府運動が国民的な大衆運動に発展したのは、ひとえにスーチーの力による。突出した演説力、恵まれた容姿、独立の英雄を父に持つという家族的背景、そして、危険を厭わない積極的な地方遊説がその理由だ。理念よりもまず、スーチーという「顔」がつくりあげた運動なのである。

一九九〇年総選挙

軍は急速に広がるスーチー支持を警戒して一九八九年七月二〇日、党首であるティンウーと、書記長だったスーチーを国家防御法違反で逮捕して自宅軟禁下に置いた。党幹部が不在のままでもNLDは選挙への参加を決める。

一九九〇年五月二七日、九三の政党、二二九七人の候補者が全国四九二の選挙区で議席を争った。NLDが八割を超える議席を獲得して勝利する。圧勝である。特に管区と呼ばれる、ビルマ人(全人口の約七割を占める)が多数を占める地域では、ほぼすべての議席をNLDが獲得した。軍は民主化運動の指導者たちを拘束できても、ひとびとの投票行動をコントロールできなかったのだ。

ところが、ミャンマー史に大きな禍根を残す出来事がこのあとに起きる。軍が選挙結果を認めなかったのである。なぜ認めなかったのか。SLORCによる説明はこうだ。

選挙後の議会招集と政権移譲について、違法な配布物や外国メディアによる煽動が続いている。だが、議会は憲法があってはじめて存在しうるため、いま必要とされているのは新憲法である。多民族国家であるミャンマーにあって、新憲法は多くの民族の願いと考えを考慮したものでなければならず、国民の代表は、憲法を起草する責任の持てるひとびとであるべきだ。

要するに、新憲法の制定が先で、その起草過程を管理できるのは不偏不党の自分たち軍だというわけである。このあと、憲法起草のための会議体である国民会議が設置された。軍は右記の内容を記した「布告1／90」を承認する署名をしなければ、政党登録を抹消すると各政党に圧力をかけた。反政府運動への弾圧があったわずか二年後の話なので、脅しではないことは明白である。しかも、抵抗のシンボルとなるはずのスーチーは自宅軟禁下にあった。NLDは国民会議への参加を受け入れざるをえなかった。

3　弾圧のなかの抵抗

スーチーの虚像と実像

一九九一年にスーチーの「ミャンマーの人権と民主主義の確立のための非暴力闘争」に対してノーベル平和賞が授与され、アジアの小国で起きている政治闘争に世界の関心が集まるきっかけとなる。流暢な英語を話し、また多くのひとびとから支持されるカリスマ的な女性が、権威的でいかにも父権主義的な軍隊と対峙する姿は、わかりやすくてドラマチックだった。瞬く間に彼女は、世界、なかでも欧米諸国で、民主主義と人権のアイコンになっていった。

ノーベル平和賞の受賞理由にあるように、彼女の政治活動の基本戦略は非暴力主義である。長くスーチーの思想を研究してきた歴史家・根本敬によると、その非暴力主義の原点は「恐怖からの自由」、すなわち「一人ひとりが恐怖に打ち勝つ努力をおこなうべきである」という義務にあるという。恐れない心を誰もが持つことで軍事政権に打ち勝つという闘争観だ。また、目的と手段、双方に正しさを求めることもその特徴であろう。この正しい目的が民主主義であり、民主主義という目的にとって正しくない手段が暴力となる。暴力ばかりでなく、軍事政権に対する開発援助や企業による投資もまた正しくない手段とされた(田辺・根本 2012)。

ここで注意が必要なのは、英語を中心とする国際社会でのイメージと、ミャンマーで彼女がビルマ語で話す演説の中身とにはギャップがあることだ。

スーチーの演説集をまとめた伊野憲治によると、軍事政権下の彼女の演説の四割は「西欧近代的な民主主義、人権概念、国民の権利・義務の関係等」に関するものである。これは意外なものではないが、ほぼ同様の割合を「人間としてのあり方・生き方に関する」「道徳論的な主張」が占めていたことは、あまり知られていない(伊野 2018)。

彼女の演説はしばしば、ひとびとの行動をたしなめ、諭す説法となる。精神のあり方やモラルをとても重視する。たとえば革命という目標も、権力を転覆する社会変革としてだけでなく、精神の変革としてとらえる。「私たちの革命というのは、精神の革命です。何故なら、自分自身の心を変えることができずして、自分の周囲の状況を変えることなどできないからです」といった感じである(伊野 2018)。また、仏教用語が多用される。真理を意味する「アフマンタヤー」の実践を唱え、民主主義や人権には規律(スィーカン)と慈悲(ミッター)がなければならないと解く。

仏教的な世界観やモラルの観点から、個人の内面と行動を正すことで民主主義が生まれるという発想。ここに、彼女の民主主義観の核はあり、ミャンマーの国民から支持される理由もあるのだろう。民族的、階級的、言語的に分断された社会で、ひとりひとりの心／精神の陶冶から民主主義を唱える言葉は、身近でわかりやすいものだった。

時おり挟まれる冗談や、髪に飾られる生花、いつもピンと伸ばした背筋、そうした見た目が説法の権威的な要素を中和する効果があったようにもみえる。年齢を重ねるにしたがって彼女を「アメー・スー」(スー母さん)と親しみを込めて呼ぶひとたちも増えていった。現地でのスーチーの力の源泉は、ミャンマー社会の精神的土壌のなかにあったのである。彼女に対する国際的な支持は、こうした地場の文脈とはやや切り離されて形成されていた。

当然、彼女の言説にも弱みはある。民主主義は本来、政治的な正しさに関する理念であると同時に、個人の自由と集団内の秩序を両立する仕組みでもある。価値観の相違や利害を前提にしたうえで、その違いを平和的に調整する手段だ。ところが、制度へのスーチーの関心は一貫して薄い。それゆえに、理念が先走った理想主義にもみえた。

弾圧のなかの存続

軍の要求を呑んで、軍主導の憲法起草の場である国民会議に参加したNLDだったが、一九九三年一月の開催直後から会議は紛糾する。NLDや少数民族参加者による反対が相次ぎ、たびたび議事が中断した。それでも事務局は強引に起草作業を進める。統治機構を大統領制とし、大統領資格に軍事の経験や配偶者と子供が外国籍でないことも含めるなど、スーチー外しの姿勢を鮮明にしていった。

一方で、起草作業と並行して進んでいたのが、スーチーと軍政幹部との「対話」である。一九九四年九月二〇日、スーチーとSLORC議長であるタンシュエとの会談が実現した。この会談を準備したのはキンニュン将軍である。キンニュンは軍情報部の長でSLORCの第一書記を務める最高幹部のひとりだ。憲法起草に合わせて、国際社会に民主化勢力との対話を見せることがキンニュンの意図で、軍に都合のよい憲法に民主化勢力を取り込んで国際的な承認を得るという筋書きがあったのだろう。

一九九五年三月にNLD党首のティンウーと、幹部であるチーマウンを自宅軟禁から解放し、さらに七月にはスーチーを解放した。この措置が、NLDの姿勢を軟化させるものと軍事政権側は期待した。ところが、そうはならなかった。逆にNLDを勢いづける。

一九九五年一一月、軍事政権の憲法起草に抵抗して、NLD代表(八六名)が国民会議のボイコットを決定した。対して軍はNLD代表を国民会議から追放。翌年には「布告5/96」を発布し、国民会議への批判や妨害に最高二〇年の禁固刑を科せるようにした。それから党員が各地で逮捕された。その数は一〇〇〇人近くに及び、逮捕を恐れて離党が相次いだ。

こうした事態に直面してNLDは戦略をさらに急進化させ、一九九八年九月一六日に、「人民議会代表委員会」(CRPP)を組織した。一九九〇年選挙の当選議員二五一人が、執政権をNLD議長のアウンシュエと書記長のスーチーに委任すると宣言して立ち上げた並行政権である。国民会議を通した軍との和解のシナリオを拒絶するものにほかならなかった。

そして二〇〇〇年九月、スーチーは再び自宅軟禁下に置かれた。前月末にヤンゴンの南にあるダラへの遊説が阻止された際、彼女が車内で籠城を続けたため、警察によって自宅に引き戻された。直後に、地方遊説の意思を記者会見で再び表明したため、軍事政権が再度の軟禁を決断したのである。この軟禁は二〇〇二年五月五日まで続く。

二〇〇二年の解放後も、スーチーはその挑戦的な姿勢を崩さない。記者会見のたびに軍事政権を非難し、欧米の制裁を支持し、援助と投資を続ける日本政府や企業が批判されることもあった。そのなかで大きな事件が起きる。

二〇〇三年五月三〇日、ミャンマー北部のザガイン管区にあるディペインで、遊説の途中だったスーチーの車列を暴徒が襲う。スーチー自身は無事だったものの、乗車していた車のボディは襲撃でボコボコに歪み、同行していた党員たちに相当の犠牲者が出た(ディペイン事件)。

当時のミャンマー中央部の治安状況はよく、正体不明の暴徒が自発的に組織されて、スーチーの車列を襲うことは考えにくい。軍の大衆動員組織である連邦団結発展協会(USDA)の構成員が襲ったといわれていて、当然、その背後には軍幹部からの指示があったのだろう。

保護の名目で政府に拘束されたスーチーは、ヤンゴンに送還された。その後、国家防御法違反で有罪判決を受け、自宅軟禁となる。この三度目の軟禁期間が長かった。解放まで約七年半かかっている。

生き残った理由

このようにみてくると、NLDはずっと劣勢だったことがわかる。当時、スーチーの名前を公の場で口にすることもはばかられた。党員の家族に対する政府のいやがらせもある。公務員であれば昇進は望めない。いくらスーチーやNLDを支持していても、身の危険や不利益があるなかで行動によってそれを示す市民はごくわずかだ。

とすれば、ここで疑問が浮かぶだろう。スーチーは長く自宅軟禁下にあり、党の運営に携わることはできない。幹部にも自宅軟禁や長く投獄された者が少なくない。一般党員も監視と弾圧の対象である。合法政党ではあったものの、活動停止に追い込まれてもおかしくはなかった。いくらスーチーの思想が優れていても、また、いかに国民から人気があっても、組織がなければその影響力には限界がある。どのようにＮＬＤは党組織として生き延びたのだろうか。結党以来のメンバーで、長老的存在としてＮＬＤの歴史を書籍としてまとめたモンユワ・アウンシンが筆者に語った説明はこうだ。

ＮＬＤの幹部には結成当初から知識人グループと元軍人グループがいて、それぞれに特色がある。前者は思想と闘争心はあるが協調性に欠け、後者は、思想はないけれども組織を維持する能力に長けていた。軍は文民の党員については容赦なく逮捕して刑務所に送ったが、一部の軍幹部出身者には温情を示した。おかげで、アウンシュエ（元准将で、長くＮＬＤの議長を務めた）や、ルウィン（元軍情報部長で社会主義時代には副首相を歴任）が党本部に残ることができた。彼らがスーチーのいない間もＮＬＤを組織として存続させた。彼らのスーチー軟禁時の生き残り戦略はただひとつだったと思う。なるべくことを荒立てないように活動を控えることだ。

このアウンシンの説明は的を射ているように思える。ＮＬＤの存続は静と動の組み合わせで、動はもっぱらスーチーが担った。彼女のカリスマと指導力なしには続かない政党である。他方、静の部分もまた重要だった。スーチー不在のなかで過激化させず、ただ存続させるためだけに党組織を運営することである。その役割を担ったのは、軍の行動原理を知り、また、軍が「手加減」をする元軍幹部たちだった。

国境の学生活動家たちと第三勢力

ＮＬＤは一九八八年以降のミャンマーの民主化運動で主流派を形成した。スーチーの存在と一九九〇年総選挙での勝利という事実が、その存在感を確固たるものにする。軍事政権と対立したものの、その基本姿勢は非暴力主義で、目指す目標が民主化だったとはいえ、軍の存在を否定するものではなかった。スーチーが繰り返し求めたのは、「創設者」である父アウンサンが目指した軍への回帰であって、全面的な対決ではない。

これに満足せず、より急進的な革命を目指した者たちもいた。一部の学生活動家たちである。彼ら／彼女らは、タイ国境地帯へと逃れ、一九八八年一一月に全国ビルマ学生防衛軍（ＡＢＳＤＦ）を結成した。カレン民族同盟（ＫＮＵ）の支援を受けて、中国、インド国境でも戦う学生たちを統合し、軍に対して武装闘争を続けた。

だが、その勢いは次第に衰えていく。ひとつの理由は、軍が学生運動をほぼ壊滅状態に追いやり、追随する若者が激減したためである。学生運動潰しの手段が強引で、軍は大学そのものを閉鎖した。一九九七年から二〇〇〇年のことである。大学再開後も、学生運動の拠点であったヤンゴン大学やマンダレー大学では、学生数の多い学部学生は郊外の大学に所属する。たとえばヤンゴン郊外にあるダゴン大学（所属学生数が全国最多）は、ヤンゴンの市街からバスで一時間以上かかり、大学の構内を近くの農家の牛が行き来するような田園のなかだ。

こうした急進的な学生たちとは逆に、現実主義を目指す勢力も現れる。彼らは第三勢力と呼ばれた。中心となった人物はネーウィンマウンという(以下の経歴は[タンミンウー 2021]より)。

ネーウィンマウンは一九六二年にピンウールウィン(当時はメイミョー)で生まれた。ピンウールウィンは軍関連の施設が集まる場所で、植民地期に避暑地として発展した町だ。ネーウィンマウンの父親はここにある士官学校の教員だった。

彼は学業が優秀で医学校を卒業したあと、医者にはならず、実業の世界に転じた。一九九〇年代初頭、ちょうどミャンマーの市場経済化がはじまった頃だった。木材を扱うビジネスからはじめ、一九九七年に雑誌『リビング・カラー』を創刊。ビジネス情報やライフスタイル、海外情報を扱った月刊誌である。当時のメディア産業は、言論統制が少しずつ緩むなかで広がったフロンティアだった。ただし同時に政府の統制があり、神経を使う事業でもあった。そうした事業を彼が手がけられたのは、実業家マインドはもちろんのこと、士官学校の教員であった父親が持つ軍将校への広いコネクションが事業を守ったためでもあった。『リビング・カラー』は成功して、実業界や芸能界、国際社会への広い人脈形成を助けた。

ネーウィンマウンがビジネスから政治活動にかかわるきっかけとなったのは、二〇〇四年に米国のイェール大学のフェローとして四カ月間、比較政治学を学んだ経験だった。間もなく、『ヴォイス』『フォーリン・アフェアーズ』という週刊ジャーナルを発行して、その事業の幅を広げるとともに、二〇〇六年にはシンクタンクである「ミャンマー・イグレス」を組織して、若者たちへの教育活動や啓蒙活動をすすめた。

活動の隠された意図は、若い世代のマインドセットを変え、内部から社会変革を促すことだった。海外で暮らすミャンマー人や、欧米の知識人とのネットワークもミャンマー・イグレスの強みだった。こうしたネットワークから得た情報を手紙や私的な会話のなかで軍事政権関係者に伝えることもあったという。軍事政権とも共存しながら内側から変えていくのが第三勢力の戦略だった。この第三勢力が軍事政権を変えることはなかったが、それでもここで彼らに言及するのは、民政移管後に新政権で重要な役割を果たしたからである(詳しくは第3章)。

二〇〇七年の反政府運動

二〇〇七年の大規模な反政府デモについても触れておこう。この運動は特定の組織というよりも、不満と抵抗が自発的で大規模な集団行動につながったものである。

直接的な原因はやはり経済である。新興国における需要の増大が主な原因といわれる原油の国際価格上昇で、原油を輸入に頼るミャンマーでも輸送費が値上がりし、物価の高騰を招いていた。ガソリンの公定価格は一・六倍、軽油が二倍、天然ガスは五倍に値上がりする。

この公定価格の値上がりに対して、学生運動の元リーダーであるミンコーナインが率いる小集団が車道を歩いた。ただ歩くだけだ。プラカードも持たないし、かけ声も上げない。そろえていたのは、全員が白いシャツを着ていたことくらいである。バス運賃が上がって、バスにすら乗れないので、歩くほかないというアピールだった。

この程度の抗議も軍事政権は許容しない。関係者が逮捕された。

それに僧侶たちが声を上げたことで、思わぬ展開へとつながっていく。一一世紀から一三世紀の仏塔遺跡で知られるパガンの北東にある中部の町パコックーで、拘束された元学生活動家の解放や物価の値下げを求めて、僧侶たちが経を唱えながら街を行進した。政府は軍の部隊を投入して僧侶約一〇名を逮捕した。兵士は逮捕時に暴力を振るい、木の幹に僧侶を縛りつけたという噂が広がり、仏教を重んずる社会で全国的なスキャンダルとなった。

都市部を中心に、僧侶を主体として軍に抗議の意思を示す行進が広がっていく。メッタ・スッタ（慈悲の経）を唱えて歩く姿は、デモ行進というよりも祈りの行進である。僧侶たちのまわりを一般市民が手をつないで「人間の鎖」をつくるのが定型になっていた。

若年の見習僧も含めれば、僧はミャンマーに三〇万人以上（男性人口の一〇〇人に一人以上）いるといわれるが、このときほど街頭をサフラン色の袈裟が埋め尽くす光景を見た者はいないだろう。そのため「サフラン革命」とも呼ばれる。全国二五の地域で僧侶と一般市民を合わせて、数十万人が反政府運動に参加したとされる。

僧侶の訴えともなれば、軍もその行動を変えるのではないか。にわかに期待が高まったが、まもなくその期待の甘さをわたしたちは思い知る。軍は実弾の発砲も含めて弾圧を強め、僧侶に対する暴力や拘束、仏像や施設の破壊、金品の強奪すら報告された。一連の弾圧による死傷者数は、兵士に撃たれた日本人ジャーナリストも含めて一五〇人を超えたとされる。

膠着の末

二〇一〇年一一月一三日、軍事政権が主導した選挙(一一月七日)から一週間後に、スーチーは自宅軟禁から解放された。すでに軍事政権主導の民政移管の準備が整ったあとのことである。NLDは二〇一〇年選挙をボイコットし、軍政主導で起草された二〇〇八年憲法を認めないことも発表していた(シュエゴンダイン宣言)。

のちの二〇一六年一一月にスーチーが京都大学を訪問した際、「あなたの人生で最も難しかった決断は何ですか」という学生の質問に対してスーチーは、二〇一〇年選挙のボイコットだったと答えている。自身のカリスマに依存した党組織の弱さを考えると、対決姿勢を示すだけでは限界があった。軍や新政権と対峙しても勝ち目がないなかで、新政権を国際社会が受け入れれば、闘争はますます不利になる。民主化運動が忘れられる不安もあっただろう。解放されたスーチーが決断を迫られたのは、これまでどおり闘争を続けるか、軍事政権色の残る新政権に歩み寄るのかの難しい選択だった。

この選択の結果は第3章で検討する。その前に次章では、軍事政権の実態をみていきたい。軍がどのように国家や経済を再編していったのか。その原理と体制持続のメカニズムを明らかにしよう。さまざまな評価があるにしても、ミャンマーという国の秩序をつくってきたのは軍である。軍による統治を知らずに、現代ミャンマーを理解することはできない。

第2章　軍事政権の強権と停滞（一九八八―二〇一一）

2007年，僧侶たちによる反政府デモ（AP/アフロ）

二〇〇七年七月、筆者はマンダレーを訪問していた。

マンダレーはミャンマー第二の都市で、最後の王朝であるコンバウン朝が王都とした町だ。今もマンダレーヒルを背にした王宮跡があり、それを約二・五キロ四方の堀が囲む。第三次英緬戦争に勝利した英国は、王朝を廃止して王をインドのラトナギリで幽閉し、王宮も破壊して堀の内側に軍の兵舎を建てた。いまは、観光用に復元された王宮があって、その周囲にはミャンマー軍の宿舎が広がる。

雨期でもヤンゴンほど雨が降らないマンダレーだが、その日は小雨が降っていて薄暗かった。マンダレーの都市開発に関心があった筆者は、資料収集のために市内のある書店を訪れた。ヤンゴンに住む友人の親族が経営していると聞いた店である。友人によると、店主は地方史に詳しいので相談するといいということだった。

タイミングが悪く店主は不在だった。書棚の本を眺めていったん店を出る。のちに知ったのだが、その店主は筋金入りのアウンサンスーチー支持者で、軍の諜報員が常に店を見張っていて、人の出入りを監視していたそうだ。雨期のマンダレーは観光もオフシーズンで、外国人はほとんどいなかった。筆者はロンジー(伝統的な衣装で男女ともに着用する巻きスカート)を身につけていたのだが、それが余計に怪しく見えたのかもしれない。

諜報の網にかかってしまう。

まだ何も知らない筆者は、書店を出た後、現地の大学で教えるミャンマー人の友人の家を訪れた。彼女は地理学を専門とする学者で、夫は不動産取引専門の弁護士である。二人に話を聞く。中国資本が流れ込み、現地の華人名義で土地の買収が進んでいることなど、興味深い話を聞いた。そして、いったんホテルに戻った。

ホテルの部屋に着くやいなや電話が鳴る。ついさっきまでいっしょにいた友人からだった。「軍人が家に来て、君について聞かれた。日本人の研究仲間で友人だとか、ただ遊びに来ただけだとか、当たり障りのないことを言っておいたけど、行動を監視されているみたいだから気を付けて」という。たしかに思い当たるふしはあった。数分前、ホテルの受付の女性がひきつった笑顔で筆者に部屋の鍵を渡した。言葉も少なめで、どうしたのかなと思っていた。電話を切って部屋を見回す。ここにも誰か入ったのだろうか。そう思うと血の気が引いた。

特に違法なことをしているわけではない。でも、何があるか予想はつかない。とりあえずマンダレーを離れた方が得策だろうと、車を借りて旅に出ることにした。北上してザガインからモンユワやシュエボーなど、地方の町を一週間ほど見て回ることにした。

翌朝、旅行代理店の知人を通して雇った運転手は、ボストンバッグひとつで現れて、膨らんだお腹の上でロンジーを結んでのしのしと歩く、気のいい兄ちゃんだった。愛らしい雰囲気に少し緊張が和らいだ。旅の途中もいろいろと世話を焼いてくれた。

当時、原油価格の高騰で物価が上がっていて、地方では輸送費が多くかかる分、なおさら生活への実害が大きかった。この物価高騰が、二カ月後の大規模な反政府デモ(サフラン革命)の原因となる。その予兆のようなものを感じることができた。やりたいことはできなかったが、それは仕方がない。無事だっただけでもよしとすべきだろう。

ヤンゴンに着いて地理学者の友人と電話で話をした。迷惑をかけたお詫びをするためである。すると、その電話で「いまだから言うけど」と、大事なことを彼女は教えてくれた。あのドライバーは軍の諜報員だったという。知っていたけど言えなかったと逆に詫びられてしまう。

なるほど。諜報員をドライバーとして潜りこませれば、尾行よりも効率のよい監視だ。妙に感心してしまった。また来たら雇ってくれよと別れ際にドライバーに渡された電話番号のメモが手元にあって、試しに架けてみる誘惑に駆られたが、ぐっとこらえてゴミ箱に捨てた。あと、なぜ友人がドライバーの素性を知っていたのかについても、考えないようにした。

一九八八年から二〇一一年までミャンマーで続いた政治体制は、軍によるむき出しの統治である。軍事評議会が国家の全権を握り、その軍事評議会の布告が憲法にとってかわった。議会も選挙もなく、軍に対する国民の支持も低い。そのなかで統治するのだから、諜報機関による社会の監視が不可欠となる。右記の筆者の経験も、その監視網の一端を示している。経済も近隣国の成長をよそに停滞し、外交は欧米中心の国際社会から孤立していた。

この体制はしかし、二三年間続いた。その前にあったネーウィンの体制を含めれば約五〇年間、軍を屋台骨とする体制が続いたことになる。非常に長い。

なぜこんなに長く続いたのか。

この問いに答えるべく、軍事政権二三年間の歩みをみていこう。前章で検討した民主化運動の二三年間を、別のレンズで見直す作業となる。違う風景が見えてくるはずだ。

軍事政権とは何か

そもそも軍事政権とは何だろうか。

軍またはその一部が、クーデターのような非合法的手段によって執政権を掌握し、その後、政府幹部として、軍を政治に関与させながら国を統治する状態と定義できるだろう。

軍の政治的影響力を支えるのは、言うまでもなく暴力だ。軍は通常、その装備や厳格な指揮命令系統など、暴力を行使する機関として比肩できる組織が国内にない（あったら、それは内戦中である）。となれば、短期勝負のクーデターでは断然有利である。政治学者サミュエル・ファイナーが、軍が政治介入することより、政治介入しないことの方が不思議だと述べているのもわかる（Finer 1988）。

ただ、クーデターを起こす身になってみると、リスクは高い。どの国でも、クーデターは計画した段階で刑法上の重罪となる。一生を棒に振るかもしれない計画のために、秘密裏に仲間を集めることは難しい。そのため、クーデターはそうそう起きない。決行まで持ち込んでも失敗することは多い。ある実証研究によると、一九六〇年から二〇一〇年までに世界で試みられた二六六回のクーデターのうち、成功したのは一一一回（四二％）だった（Bruin 2020）。

「正統性の困難」への対処

序章でもみたように、ミャンマー軍は四回のクーデターすべてを軍トップが主導して成功させてきた。失敗したクーデターはおろか、未遂らしい未遂もほとんどない。この点は、頻繁にクーデターが起きるが、失敗も多いタイとは違う。ミャンマーのひとつの特徴といえるだろう。

では、クーデターがうまくいったから軍事政権が続いたといえるのかというと、そうではない。政権奪取と政権運営は違う。また別の困難が待ち受けているからだ。

困難は主にふたつある。ひとつは、政権運営の正統性を主張し続けることが難しいこと。もうひとつは、国家全体の運営が軍人の手に余ることである。それぞれを「正統性の困難」と「統治の困難」と呼ぼう。ミャンマーの軍事政権は、ふたつの困難にどう対処したのか。

まず、「正統性の困難」である。

この困難は、ものすごく単純にいえば、どうしてあなたたちが国家を運営していいのか、という疑問への答えに困るということだ。国民の主権を前提とする現代国家において、武力に勝るから統治してよいと答えることはできない（それが事実だとしても）。どうして軍人である自分たちが統治すべきなのかを説明できなければ、国民からの支持はおろか、統治する側からの支持も、早晩しぼんでしまうだろう。

そこでよくとられる手法はふたつある。まず、政権に長居をせず、あらたに選挙を実施するなどしたうえで、別の勢力に政権を譲り渡すというものである。仲裁役のような役割だ。前章でみたように、ミャンマーの一九八八年九月一八日のクーデターも当初はこれだった。軍幹部で構成された国家法秩序回復評議会（ＳＬＯＲＣ）は、複数政党制による自由で公正な選挙を約束し、実際に一九九〇年には選挙も実施した。ところが、国民民主連盟（ＮＬＤ）が大勝するや、その結果を実質的に無視した。この時点で、そのあとどれだけとり繕っても、「正統性の困難」を乗り越えることは難しくなる。

もうひとつの手法は、法的手続きの問題を超越するような価値観やイデオロギー、それを唱える指導者を生み出すことである。体制を支えるイデオロギーにはたとえば、共産主義もあれば、ナショナリズムも、イスラームもあろう。それらが混じり合うことも多い。さらに、権力を握る指導者個人が神格化され、指導者の思想やイメージを国民に植え付ける教化が組み合わさることもある。ミャンマーの軍事政権は、こうした超越的な価値を持つイデオロギーは弱く、神格化された指導者に依存する体制でもなかった。長く絶大な権限を握った独裁者たちは、自身の神格化に関心を持たなかったどころか、ひどく嫌っていたとさえいわれる。

軍の論理

正統性への意識が乏しい統治が、この国の軍事政権に不気味な印象を与えてきた。だが、子細にみれば、軍の「正しさ」を主張する一定の論理がある。具体的には、(1)軍のガーディアンシップ、(2)「危機」による正当化、(3)仏教ナショナリズムである。それぞれをみていこう。

(1) 軍のガーディアンシップ

軍には民主主義への抜きがたい不信がある。民主主義は自己利益を求める集団の争いで、ミャンマーという分断を抱えた国家の利益には適合しないといった考え方が根強い。この不信の裏返しとして、軍こそがそうした党派性を超越して国家全体の利益を護る存在であるという特権的な自己認識がある。これはガーディアンシップ(guardianship)と呼ばれる。また、父が子の利益のためと信じて権威的に介入するような、パターナリズム(paternalism)ともいえよう。

この民主主義不信とガーディアンシップは、一九九〇年代に「政党政治と国民政治」として概念化された。政党政治(パーティー・ナインガンイェー)とは、党派争いで自己利益を目指す政治で、国民政治(アミョーダー・ナインガンイェー)とは、国家全体の利益の実現を図る政治である。国民政治を実現できるのは軍だけであり、したがって、暫定政権を担うことができるのも軍だけという論理になる。国民政治の概念は軍事政権下で起草された二〇〇八年憲法にも明記されている。

(2)「危機」による正当化

軍の政治関与が必要だというガーディアンシップの根拠は、民族解放闘争を戦い、独立後もずっと内戦を戦ってきたという歴史的な威光である。ただ、歴史だけでは説得力に欠けるため、いまここで軍による統治が必要な理由がいる。その理由が危機だ。この国は危機に瀕していて、それを回避するために、軍が政権を担当しなければならないという理屈である。

では、ミャンマーが直面する危機とは何か。現在も軍が使う「国家の三つの大義」というプロパガンダがその危機を象徴的にあらわしている。三つの大義とは、「連邦分裂の回避」、「国民統合の維持」、そして「主権の永続性」である。それぞれが、少数民族武装勢力の脅威、民主化運動の脅威、外国勢力による介入の脅威に対する牽制になっている。これらは、ミャンマー軍がずっと警戒してきた安全保障上の緊急事態であり、組織を動かす脅威認識である。

確かに、少数民族武装勢力は国境地帯を中心に二〇以上存在し、一部の地域は、いまもそうした勢力の実効支配下にある。だが、民主化運動の主流であるNLDの政治活動は非暴力的なものだし、外国勢力の介入についても、冷戦はすでに終結していて、介入する動機を持つ大国は乏しい。差し迫った脅威というものではないだろう。具体的な事実や可能性が十分に考慮されないまま脅威は過大評価されて、軍の政治介入を正当化する論理になっているのだ。その結果が、暫定政権というには長すぎる、約二三年間の軍による直接統治であった。

(3) 仏教ナショナリズム

さらに目立ったのは仏教ナショナリズムへの傾斜だ。ミャンマーは国民の約九割が仏教徒で、僧侶の数は一時的な出家も含めて三〇万人以上いる。一般信者から仏教関連施設や僧侶への寄進の額も多く、世界でのチャリティの普及を図る国際NGOによると、寄付行為の普及度ではミャンマーが二〇一〇年代で米国に続いて世界二位とされた(CAF 2019)。その多くは仏教にまつわる寄進だ。

軍はこの仏教の庇護者であるイメージや言説を流布しようとした。そもそもミャンマーのナショナリズムは仏教思想や仏教の擁護という意識とは切っても切り離せない。「アミョー・バーダー・タータナー」という概念がある。これは二〇世紀初頭からナショナリストや仏教僧の間で使われたスローガンのようなもので、「民族、文化、仏教」と訳せる(「バーダー」は直訳すれば「宗教」や「言語」だが、ここでは文化一般を意味するものと解釈する)。これらを護ることがミャンマーという国を護ることだとみなされた。本来、植民地支配による文化危機への反発をあらわす反植民地主義のスローガンだったものが、独立後は国家が担うべき義務、すなわち、仏教護持型のナショナリズムを示す用語に転化した。

仏教はこの国の国教にはなっていない。だが、仏教を擁護するのが国家の役割だという認識が、軍内だけでなく社会にも広く共有されている。そのため、良き仏教徒として、軍指導者が高僧への寄進や仏像や仏塔の建立を行い、それを国営紙や国営放送を通じて喧伝することが日常的なプロパガンダになった。

「統治の困難」への対処

次に、軍事政権が抱えるふたつの困難のうち、「統治の困難」への対応はどういったものだったのか。一般的に政権を掌握した軍が長期的にその地位を維持しようとする場合、鍵となるのは、政党をはじめとした政治勢力と、政策の策定・実施に携わる官僚の扱いである。

東(南)アジアの軍事政権で多かったのは開発体制(開発独裁)と呼ばれるもので、その基本メカニズムは、政治勢力の活動を制限して政権からは遠ざける一方で、文民官僚を重用して政策過程の合理化をはかり、経済開発で国民の生活水準を上げて支持を調達する、というものだ(末廣 2000)。ミャンマーの軍事政権はこれとは違った。政策的な合理性を犠牲にしてでも、軍中心の体制を安定させることを目指した。

まず、一九八八年クーデター後の最高意思決定機関のメンバーは、結成から解散までの二三年間、ずっと軍幹部だけで、文民は退役軍人も含めて入ることはなかった。閣僚もまた軍人ばかりだった。図表2－1は一九九一年から二〇一〇年の年初時点での軍関係者(現役軍人、退役軍人)と文民の大臣数および軍関係者が占める割合を示している。当初、わずか九人の軍人(現役軍人)が閣僚を占めていたが、閣僚の数が次第に増え、それにともなって文民の大臣も加わった。といっても、軍人が閣僚全数の七割を切ったことは二度しかなく、一九九一年を除くと、常に七〇％から九〇％のあいだで推移してきた。

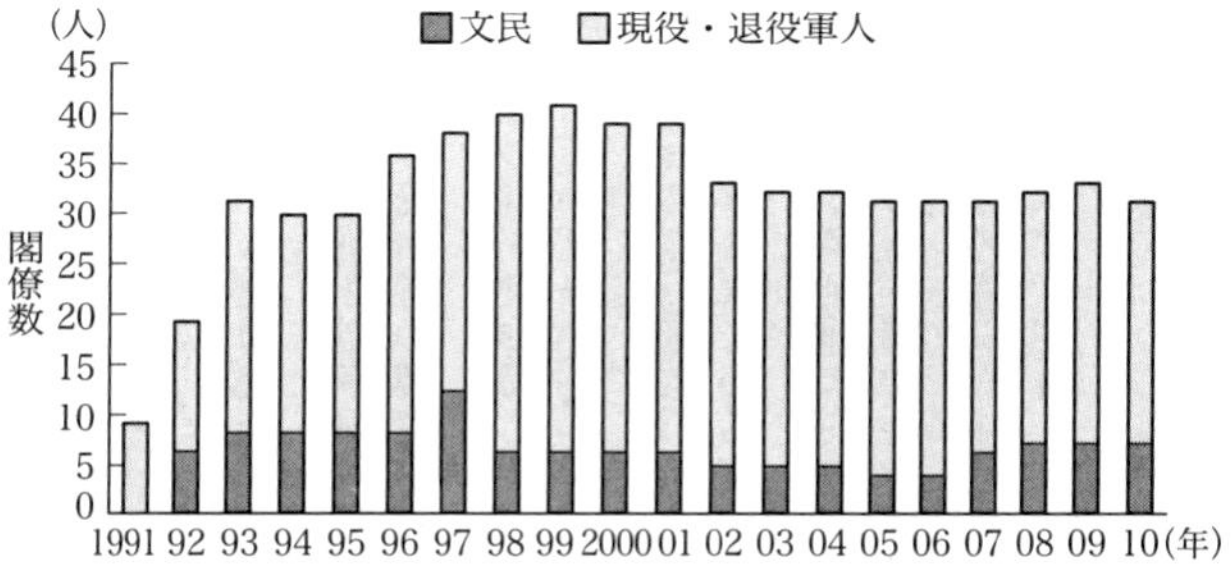

注）2002年の閣僚数減少は副首相職と首相府付大臣の減少による
出所）アジア経済研究所『アジア動向年報』各年版から作成

図表２－１　ミャンマー軍事政権の閣僚における軍関係者と文民（1991–2010年各年初時点）

次いで、政治勢力についてもほぼ無力化した。一九六四年に既存政党をすべて禁止し、その後の一党制下で支配政党となるビルマ社会主義計画党（ＢＳＰＰ）だけが活動を許された。一九九〇年総選挙前には複数政党制が導入されたが、前章でみたように、軍に抵抗する政党はひどく弾圧を受けた。

文民官僚たちも協力の相手ではなく、統制の対象になった。歴史的な転換点は一九七二年。ネーウィンが、植民地支配の遺産であるという大義で、事務次官のポストと県知事のポストを廃止する行政改革を断行したことにさかのぼる（中西 2009）。

文民官僚の権限を掘り崩し、そのうえで、各省幹部ポストへの軍人の転出が慣例になっていく。大臣、副大臣（事務次官廃止後の事務方トップの役割を担う）には、地方軍管区司令官のような軍内で高位まで昇進した幹部が就任した。局長のような幹部ポストにも、軍内で昇進の止まった将校たちが転出してきた。

こうした人事慣行をあらわすビルマ語に「モーチャーシュエコー」というものがある。直訳すれば、「黄金の体が空から舞い降りる」という意味で、ニュアンスは日本語の「天下り」に近い。こんな適材適所と正反対のことをすれば、官僚たちの実務経験は政策形成に十分に活かされず、政府は非効率となる。文民官僚たちのやる気も低下した。

ただ、統治者の視点からみると利点もある。昇進の止まった軍幹部を外部機関の要職につけて離反の可能性を減らすことができるからだ。統計的にいえば、軍事政権が倒れる最大の原因は市民の革命ではなく、クーデターである(Geddes *et al.*, 2018)。したがって軍事政権が生き残るためには、「エリート内の統合」と呼ばれるものが大事になる。軍は一面で常に出世争いが繰り広げられている官僚機構であるため、昇進が停滞すると組織内の人間関係が軋《きし》む。人事の安定は軍事政権の運営の核で、軍幹部への軍外の地位と、それにぶらさがる利益の配分が優先されるのも、軍中心の体制維持という点からみれば合理的なのだ。

だがもちろん、軍中心の体制を維持するだけでは国民から反発が生まれる。それをミャンマー軍はもっぱら統制と弾圧で抑え込んできた。「正統性の困難」も「統治の困難」も、解決したというよりは、軍を屋台骨とする強権的な体制で解決を先延ばしにしてきたといった方がより正確だろう。

2　軍事政権の展開

本節では、前章でみてきた民主化運動の裏面、すなわち、一九八八年からの軍事政権内部の政治動向についてみておく。

三回目のクーデター

軍事政権発足の内幕からはじめよう。

クーデターというと、軍が強引に政権を奪うことが多いが、一九八八年のクーデターは違った。政権幹部の拘束のようなものはなく、政権を奪われる側と奪う側、双方で調整されたうえでの権力移譲だった。当時の軍幹部のひとりであったキンニュンの回顧録では、経緯が以下のように綴られている。

最高司令官であるソーマウンら軍幹部たちは、クーデター敢行前日の一九八八年九月一七日の夜に、ヤンゴン市街の北、カンドージー湖の湖畔にあるネーウィンの私邸を訪れていた。当時、デモ隊になぎ倒された街路樹や積み上げられた土嚢《どのう》などで道路網が寸断され、ヤンゴン市街の小高い丘の上にある巨大仏塔シュエダゴンパゴダの南に位置する参謀本部から、ネーウィンの私邸があるエーディ通りまで、一〇キロもない距離を四時間かけて移動したという。

ようやくネーウィン邸にたどりつき、ソーマウンとキンニュンが国内情勢についてネーウィンに報告をする。報告の詳細は明らかになっていないが、騒乱や社会の混乱を強調した説明だったことは想像に難くない。実際この日、政府庁舎の一部がデモ隊によって占拠されていた。

ネーウィン

私邸から外に出ないネーウィンは情勢を把握していなかったのか、報告内容に驚く。翌朝、同じ場で、今度は政府幹部も合流して会合が開かれた。その場でネーウィンが混乱をおさめるために軍にクーデターを指示したという(キンニュン 2015)。

キンニュンの話は少しできすぎていて鵜呑みにはできない。なにより、なぜこのタイミングで軍の幹部がこぞってネーウィンの私邸を訪れる必要があったのかが不明である。クーデターの指示を軍幹部は期待していたようにもみえる。ただ、真偽はわからないので、ここではネーウィンの指示によって軍への政権移譲が、当時の政権幹部と軍との間で合意されたことにしておこう。

体制整備(一九八八―九七)

こうしてSLORCは生まれた。その後の選挙結果の無効という暴挙からもわかるように、軍の目論見は当初から外れた。軍が目的合理的に統治を進めたわけではない。

突然、国のトップになったソーマウンは、プレッシャーに耐えきれなかったのか、一九九二年には精神的不調に陥る。執務する机の上に短銃を常に置いていたというから、被害妄想にとらわれていたのかもしれない。軍幹部たちはソーマウンのSLORC議長職の辞任と、軍からの退役を決定し、繰り上がり人事で、タンシュエ陸軍総司令官が軍最高司令官とSLORC議長に就任した。軍事政権トップの交代だが、目立った混乱は生じなかった。

タンシュエ

その後、タンシュエは二〇一一年までこの国を統治するが、SLORC議長就任時点でその名を知っていたミャンマー国民は少なかったはずだ。

タンシュエは、一九三三年に中部の小さな町であるチャウセーで生まれ、高等学校を卒業後に、チャウセーの南にあるメッティーラで郵便局員として勤めたあと、二〇歳のときに士官訓練学校（ＯＴＳ）に進んだ。当時はまだ標準的な士官学校がなく、六カ月ほどの訓練を受けて即、少尉として任官するのが通例だった。

タンシュエの若い頃を知る人たちに聞くと、みな口をそろえて、田舎の純朴な青年だったという。たとえば、一九六〇年代に当時の支配政党の幹部養成学校でともに働いていた人物は、タンシュエには奥歯にはさまったクン（ビンロウの身を砕いて石灰などと混ぜ、キンマの葉で包んだもの）を指でとり、その指についた赤い唾液を壁に擦り付ける癖があったと語った。彼がいないときに人が尋ねてくると、「あの赤い壁の前が彼の机だよ」と伝えていたんだと笑う。

そんな青年が軍内でのし上がった。戦争をしている軍隊では、戦果が人事考課の重要な要素となる。一方で家柄や学歴が持つ価値は低下する。ましてや、タンシュエが将校になったのは一九五五年の士官学校開設前のこと。相次ぐ戦闘で軍内が深刻な人手不足に陥っていた時代だ。三〇代半ば過ぎにエリート部隊である第一歩兵大隊の大隊長となり、その後、参謀本部での勤務を経て、第八八歩兵師団の副師団長、同師団師団長、西南軍管区司令官（エーヤワディ・デルタ地域を管轄）を経て、一九八五年に陸軍トップに就任している（中西 2009）。

いわば「たたき上げ」の軍人であるタンシュエにとって、自身の政権運営のためには軍の掌握は欠かせない条件であった。そのため、どれほど長く統治が続こうとも、軍の最高司令官の地位を譲らなかった。満六〇歳で定年となる九三年以降は毎年、定年を延長して、結局七八歳になる年の二〇一一年まで現役軍人のままだった。

当初、軍最高司令官のタンシュエ、副最高司令官と陸軍トップを兼務するマウンエー、軍情報部長でSLORCの第一書記であるキンニュン、陸軍参謀長でSLORC第二書記のティンウー(NLD幹部のティンウーとは別人)の四人が中心になって政権は運営された。

地方には法秩序回復評議会(LORC)が設置され、全国に一四ある管区/州レベルのLORCには、各地の軍管区指令部の幹部将校が就任した。地方の統治では軍管区司令官の影響力が絶大である。それを補助したのは内務省の下にある総務局(GAD)で、日常の治安維持(警察は内務省下)と地方行政を統括した。

これが法制化された表の仕組みだとすれば、裏で体制を支えたのが諜報機関だった。北朝鮮の工作員が韓国の全斗煥大統領一行を狙ってヤンゴンで爆弾テロを起こしたラングーン事件(一九八三)で前任者が解任されたあと、キンニュンは軍情報部のトップに就任し、それ以来、ネーウィンの後ろ盾を受けて、諜報機関を建て直していった。軍情報部は社会の監視と統制を担い、ビルマ語で諜報を意味する「タウッランイェー」は、いまでも市民に警戒と恐怖心を呼び起こす言葉になっている。キンニュンは諜報活動の責任者だっただけでなく、民主化勢力との対話、外交、少数民族武装勢力との停戦交渉、国境管理といった広範囲の領域で影響力を持った。軍事政権の政治部門における、いわばアーキテクト(設計者)である。

「開放」の時代（一九九八―二〇〇四）

一九九七年、ＳＬＯＲＣから国家平和発展評議会（ＳＰＤＣ）に最高意思決定機関の名称が変更される。「法秩序」から「平和発展」へと名称が変わったが、一部閣僚の交代はあっても、統治体制には変化はなかった。相変わらず憲法は不在で、新憲法起草のための国民会議は、一九九五年のＮＬＤのボイコットとその後の混乱で延期となり、体制移行の準備は停滞していた。

その一方で対外関係には変化があった。まず、アジアの域内外交が活発化する。ミャンマーが東南アジア諸国連合（ＡＳＥＡＮ）への加盟を承認されたのが一九九七年のことだ。ＡＳＥＡＮがミャンマーに対して「建設的な関与」を試み、同国の孤立を防ごうとした。加盟を後押ししたのは、インドネシアの当時の指導者スハルトだといわれる。

一九九五年にはベトナム、そして一九九七年にはミャンマーとラオス、一九九九年にはカンボジアがＡＳＥＡＮに加盟している。シンガポール、マレーシア、フィリピン、インドネシア、タイといった先行する国々がＡＳＥＡＮ５と呼ばれる一方で、カンボジア、ラオス、ミャンマー、ベトナムが、それぞれの頭文字をとってＣＬＭＶと呼ばれるようになったのも、この頃だ。

軍と民主化勢力との争いが行き詰まるなかで、外交と経済がこの国を変えるきっかけになるのではないかという期待が広がった。しかし、その期待はあっけなく裏切られる。きっかけは、軍内の権力闘争によるキンニュンの失脚である。

キンニュンは改革派あるいは穏健派として知られていた。一方、軍内で主流派を形成する作戦将校たちは、民主化勢力に対して強硬であった。また、情報部は軍人からも恐れられ、警戒された。軍人もまた諜報機関の監視対象で、さまざまな情報が収集されていたからである。しかも、情報部の汚職の噂が絶えなかった。筆者が知る軍将校も当時「あいつらは食い過ぎなんだよ」(ビルマ語では賄賂を「食う」と表現する)と不満を漏らしていた。

この組織内対立が、キンニュンの融和的なアプローチの足を引っ張り、その末に起きたのが、二〇〇三年五月におきたディペイン事件である。スーチーらの車列が軍の組織した暴徒に襲われた事件で、その後のスーチーの七年半にわたる自宅軟禁のきっかけになった。

キンニュン(共同通信)

キンニュンはディペインでの襲撃計画を知らなかった。首謀者は軍事政権ナンバー2のマウンエーだといわれる。民主化運動を続けるスーチーと、彼女に対して融和的なキンニュン、そして隠然とした影響力を誇る軍情報部に対する軍内強硬派の不満が生んだ動きだった。民主化運動への弾圧であるとともに、軍内での権力闘争の産物でもあったのだ。

事件の前年に、キンニュンの後ろ盾であったネーウィンが死去していたことも彼の力を弱くした。また、SPDCの領袖のなかでは穏健派とみられていたティンウーが、ヘリコプター事故で二〇〇一年に亡くなっていたことも、軍最高幹部内の力関係を変える契機になった。

三度目のスーチーの軟禁に対して国際社会はいっせいに非難の声をあげる。外交をとりしきるキンニュンには何らかの対応が求められた。自身が知らされぬまま起きた弾圧の尻拭いとは理不尽な話だが、開放に向かいつつあった国を再び閉ざすことは避けたかったはずだ。

そこで示されたのが「民主化のための七段階のロードマップ」（二〇〇三年八月三〇日発表）である。内容は、①国民会議の再開、②国民会議で真の規律ある民主主義システム確立に必要なプロセスの開始、③すでに決定済みの基本原則に適《かな》う新しい憲法の起草、④国民投票による新憲法案の承認、⑤議会設置のための自由で公正な選挙、⑥新議会の開催、⑦近代的で発展した民主的国家の建設、となっている。

プロセスと目標のようなものが混ざっているためわかりにくいが、段階だけを抽出するなら、新憲法起草会議→国民投票→議会選挙→議会召集→政権幹部の選出、の五段階で構成されていた。民政移管のプロセスとしては王道といえる。実際、キンニュンの回顧録には、このロードマップが米国上院議員や当時のシンガポール上級相であったリー・クアンユーの進言をもとに作成されたものだとある。発表の数年前にタンシュエに具申し、そのまま留め置かれていたものが、このタイミングで発表を許されたという(キンニュン 2015)。

ただ、スーチーの自宅軟禁措置が変わらない以上、焼け石に水だった。米国は同年のうちに「大統領令13310」と「ビルマの自由と民主主義法2003」を施行し、追加的なビザ発給制限措置、資産凍結、金融制限措置、輸入制限措置を課した。日本も新規の援助案件は停止、既存事業も実質的に中止した。

ロードマップの発表がキンニュンにとって最後の大きな仕事になった。翌年の一〇月一八日、キンニュンは「健康上の理由」で首相を辞す。事実上の失脚である。余波は大きかった。権力基盤だった軍情報部そのものが解体されて、多くの情報将校が逮捕・投獄された。キンニュン自身も汚職の容疑で禁固四四年の判決を受け、自宅軟禁下に置かれる。諜報活動を新たに担う軍保安局が設置されたが、政治力、諜報能力ともに大きく後退した。

こうして、作戦将校と情報将校との間の対立に終止符がうたれた。これは、軍内における融和路線の消滅、すなわち民主化勢力に対する強硬路線の確立を意味した。スーチーが二〇一〇年までの間、一度も解放されなかった理由はここにある。

奇妙な「安定」の時代(二〇〇五—一一)

ディペイン事件とキンニュンの失脚で、内政は「安定」の時代を迎える。

まず、キンニュンの失脚で軍内対立が解消されて、タンシュエとその側近であるマウンエーをツートップとする体制が固まった。軍主導の民政移管の準備が進んでいく。新憲法の起草を行う国民会議が二〇〇四年五月から七年ぶりに再開した。出席者は軍事政権が選出した政党関係者、少数民族代表、公務員、農民、労働者、有識者などである。

皮肉な話だが、キンニュンの失脚で、ロードマップの各段階でのNLD外しが既定路線になり、大きな混乱なく進んだ。ただ、混乱なくといっても、それは軍にとって、ということでしかない。実際には国民の犠牲の上にプロセスは進んでいた。二〇〇七年の僧侶主導の大規模な反政府デモを軍は武力で抑え込み、新憲法の国民投票(二〇〇八年五月一〇日)は、直前に到来したサイクロン・ナルギスで人口が最も稠密な地域であるエーヤワディ・デルタ地帯中心に甚大な被害(死者・行方不明者一三万人以上、被災者二四〇万人以上)が及んでいるなかでも断行された。

憲法草案の中身についても、軍が中心である。すでに一九九二年発表の「布告13/92」で六つの原則が明示されていた。六つの原則とは、①連邦の統合、②国民統合の維持、③主権の永続、④真の複数政党制、⑤正義、自由、平等という永久原則の発展、⑥軍の政治参加による指導的役割、であった。軍の政治参加、それも「国民政治」を実現する指導的役割を認める憲法でなければならなかった。

この再開された国民会議をとりしきったのが、二〇一一年に新大統領となるテインセイン中将（当時SPDC第一書記）である。憲法草案を「滞りなく」進めたことが彼の功績となる。憲法草案に対する国民投票は九三・八二％の信任で成立する。念のために記しておけば、この数字を額面通りの信任だと信じる者はまずいない。

この「安定」を独裁とともに支えたのは経済である。それまで財政に苦慮していた軍事政権に天然ガスという財源がもたらされる。軍事政権下の経済を次節でみていきたい。

3　軍事政権下の経済

タンシュエと軍事評議会が強力な権限を握り、軍を屋台骨として統治したとしても、それだけでは体制の安定にとって十分ではない。どれだけ非民主的な体制でも、国民が反発を続けるようでは、統治は安定しないはずだ。ところがミャンマーでは、国民からの支持も、経済発展も乏しいまま、非民主的な体制が安定して続いた。この、軍事政権下の経済とはどういうものだったのだろうか。

低位安定

ミャンマーの経済は全般的にいって低成長だといってよいが、極端に悪化したということはない。農業経済学者の藤田幸一はそれを「低位安定型の経済」と呼んだ（藤田 2005）。

市場経済化に踏み切った一九八八年から、アジア通貨危機が勃発する一九九七年までは、ある程度の成長があった。ミャンマーの政府統計では、この間の成長率は平均で五・三％となっていて、実感からもそれほど離れていない数字だった。ところが、一九九〇年代末から統計がおかしくなる。欧米の経済制裁が強化されているなかでも、一〇％を超える高成長を記録し、二〇〇三年には一三・八％という日本の高度経済成長時の成長率も超えた。

結局、正確な数字はわからないままだが、国際通貨基金（IMF）の推計では、一人あたり国内総生産（GDP）が一〇〇〇ドルを超えたのは二〇一一年のことで、軍事政権時代はずっと後発開発途上国（LDC）の水準だったとみられる。

経済の特質をみると、ミャンマーはそもそも農業国である。GDPの構成比でみると、一九九〇年代初頭で農業が六三％と高い。人口でいえば、八割近くのひとびとが農村部で暮らしていた。この構成比も一九六〇年代から二〇〇〇年代まで大きく変わらなかった。つまり、都市への移動を促す各種産業の発展がみられなかったということである。

実際、市場経済化から一〇年たっても、製造業のGDP構成比は七％程度に過ぎない。成長のエンジンとなる海外直接投資も、投資先となったのは、ホテル・観光、建設、石油・ガス、鉱山開発といった非製造業部門が中心であった。労働集約型の製造業が伸びなければ、都市部での雇用拡大には限りがある。農村部で人口が滞留して貧困が再生産された。

ところが、二〇〇〇年代はじめから貿易収支が急速に改善する。一九九〇年代から開発が進んでいたアンダマン海のオフショア天然ガス田からタイへの輸出が本格化したのである。天然ガスの輸出額は輸出総額の一％以下だったが、二〇〇一年に二四・八％に跳ね上がり、二〇〇〇年代半ばには四〇％近くを占めるようになった。資源依存型経済への転換である。

収奪的な経済

天然資源の輸出といっても、中東の産油国のような莫大な富がもたらされたわけではない。また、農業や製造業の低迷は変わらず、資源輸出が民間部門の成長につながる好循環は生まれなかった。天然資源輸出で潤うのは主に政府だった。二〇〇〇年代後半から物価もじわじわと上がり、国民の生活はむしろ苦しくなった。仕事を求めてタイやマレーシアへの出稼ぎが増えていったのもこの時期だ。タイには約三〇〇万人、マレーシアには約一〇〇万人が移民労働者として暮らしていたとされる。なかには不法入国者や人身売買の被害者も含まれていた。

こうした、特定の集団の利益が、その他の集団の犠牲の上になりたっている経済のことを、収奪的な経済と呼ぶ。収奪的な経済は、不公正な政治が形成した収奪的な制度によって生まれる（アセモグル＆ロビンソン 2013）。

たとえば農業をみてみよう。ミャンマーの農村経済を長く研究してきた髙橋昭雄によると、軍事政権の農業政策は三つの柱によって成り立っていた(髙橋 2000)。土地の所有権を認めずに耕作権だけを農民に与える農地耕作権制度、生産された農産物の一部を政府に供出させる農産物供出制度、生産する作物の種類を政府が定める計画栽培制度である。なかでもコメに軍事政権は異常なほどのこだわりをみせて介入を続け、コメ至上主義とも呼ばれた。

こうした政策は合理性を欠いていた。何よりも農民たちのインセンティブを奪った。岡本郁子の実証研究が示すように、軍事政権の介入が乏しかったリョクトウ(もやし)などの豆類については、輸出用の農産物としてその生産力が向上している(Okamoto 2008)。条件さえそろえば、農民の経済合理性が働いて、農業が発展する余地は十分にあったのである。成長の芽を詰んでいたのは、軍事政権の統制的な経済政策だった。

ひとだけでなく、自然環境も収奪された。透明性とルールを欠くなか、木材の違法伐採や鉱物資源の違法採掘が常態化する。たとえば、天然資源と紛争や汚職について調査をしてきたNGOのグローバル・ウィットネスは、二〇〇四年にミャンマーから中国に輸出された木材の九五%を違法な伐採と密輸によるものだとしている。その量は一〇〇万立方メートルを超え、損失額は三〇〇億円程度と試算された(Global Witness 2005)。

より付加価値の高い、翡翠、ルビー、金といった鉱物資源の採掘も違法操業が多く、汚染水の放出など環境への負荷も高く、労働者の安全などはほぼ配慮されていなかった。そうした資源の一部は軍と、次章で詳述する少数民族武装勢力、双方の資金源になっていたとされ、いわゆる「血塗られたダイヤモンド」(高付加価値の天然資源が暴力紛争の長期化を引き起こす)問題がミャンマーでも起きていたのである。

軍企業と縁故資本主義の成長

こうした経済下ではレントが発生する。レントとは、市場経済では生まれない超過利益のことである。政府の権限が市場経済の競争を阻害して、不公正な利益が生まれる。軍事政権下であれば当然、レントは軍の周囲で発生する。

市場経済下で軍系の企業グループが生まれ、急成長した。ふたつのグループがある。ひとつはミャンマー連邦経済ホールディングス(UMEHL)だ。市場経済化がはじまった直後、一九九〇年に設立された。国防省の一部の部局や部隊、現役・退役軍人が株主として出資している。二〇〇七年時点で一〇〇%出資会社が三五社、子会社が九社、系列会社が七社という大きな企業グループになっていた(Maung Aung Myoe 2009)。

軍が所有するもうひとつの企業グループはミャンマー経済公社(MEC)である。こちらはUMEHLよりもやや遅れて一九九七年に設立された。銀行、鉄鋼、セメント、大理石、砂糖、メタノール、石炭、ビール、貿易、金融など事業分野は多岐にわたる。両会社の違いは根拠法と所管する国防省内の部局くらいだ。

両グループともに表向きの企業活動の目的は現役・退役軍人の福利厚生である。二〇〇〇年代半ばの一般兵卒の給与は月額で一五〇〇円程度と低い。宿舎に居住するなど、組織の福利厚生なしに生活は難しい。軍系企業グループの収益は、国家予算とは別口の歳入として軍構成員の給与を補塡する手段になっていた。UMEHL株の利回りは国債や銀行での預金金利よりも高く設定され、軍人たちに貯蓄を励行させるための手段でもあった。

一方で市場経済化にともなう民間部門の成長は、新しい実業家層を生んだ。そのなかから、軍とのつながりを利用して民間企業グループとして成長する財閥が現れた。こうした財閥はしばしばクローニー(crony)と呼ばれた。もともと親友や仲間を意味するこの言葉は、競争よりも縁故や人脈で富が蓄積される不公正な市場(クローニー・キャピタリズム、あるいは縁故資本主義)で成長する実業家や企業グループなどを指して使用される。ビルマ語でも「クローニー」と英語のまま使われる。日本語の政商にニュアンスは近い。この財閥については次章であらためて検討しよう。

予期せぬ改革の時代へ

一九八八年にはじまった軍事政権は、タンシュエを頂点として直接、軍が政権を担い、社会経済の統制を基本とする統治と、収奪的で低位安定型の経済が持続した二三年間だった。その結果、民主化や経済成長が進んだ東南アジア諸国を尻目にミャンマーは停滞した。

だがしかし、停滞といっても、決して崩壊の瀬戸際にあったわけではない。強固な独裁のもと、天然ガス輸出で政府財政は改善し、民主化勢力は弾圧により弱体化していった。軍事政権が発表した「民主化」へのロードマップには、タイムテーブルはない。期限を延ばそうと思えばいつまでも延ばせたはずだ。しかし、タンシュエは引退を決めた。そして、ほとんど期待がないなか、ミャンマーは民主化と経済発展の時代に入っていった。なぜそんなことが起きたのか。次章でみていこう。

第3章　独裁の終わり、予期せぬ改革（二〇一一―一六）

2012年，議会でのスーチーと軍代表議員たち
（ロイター/アフロ）

二〇一一年三月三〇日、ミャンマーの軍事政権は新憲法にもとづく新たな体制に移行した。いまとなれば、この新体制への移行をきっかけに、この国で民主化が進み、経済も成長したと訳知り顔で言える。だが当時は、こんな体制移行はかたちだけで、実態としては軍事政権が続くだろうという見方が大勢だった。筆者もそう考えていた(中西 2009)。

ところが、二〇一一年からこの国は大きく変わった。政治、経済、社会、外交、あらゆる面で、ミャンマーはほとんど別の国になったかのようだった。そうなると今度は、この国は軍事政権には戻らないといった声が支配的になる。筆者もそう言っていた。そこにクーデターが再び起きるわけだから、予想はなんとも難しい。

本章では、このうち最初に大方の予想を覆したテインセイン政権期の五年間、つまり二〇一一年から二〇一六年までの政治経済変動について考えたい。この国は長年停滞した軍事政権からなぜ変わることができたのだろうか。

1　軍が変えた政治

上からの移行

ミャンマーで二〇一一年に起きた体制移行は、軍事政権から文民政権への移行で、民政移管と呼ばれる。民政移管は民主化と同じものではない。軍人中心の体制から、文民中心の体制への移行を意味するだけで、民主化もあれば、軍事政権から異なる非民主的な体制に移行することもある。ミャンマーの場合は後者にあたる。しかも軍が、民主化を求める国民の声に屈したわけではなく、軍が一貫して管理した「上からの移行」だった。

そのように書くと、大した変化ではないように感じるかもしれない。だが、軍事政権の管理下とはいえ、憲法も議会もないところから、憲法が成立し(二〇〇八年五月一〇日)、総選挙が実施された(一〇年一一月七日)。議会の召集(一一年一月三一日)、議員たちの投票による大統領選出(一一年二月四日)、組閣や地方首相の任命へと進んでいく。軍に集中していた国家権力が、立法府や執政府に分割され、さらに地方政府にも一部権限が移譲された。民主化ではないにしても、変化の幅としては小さくない。

しかも、この民政移管は指導者の交代のタイミングでもあった。タンシュエは一九三三年生まれで、二〇一〇年にはすでに七七歳。副議長で相棒のマウンエーも七三歳と、両者ともに高齢である。両者の間の禅譲は考えにくく、だとすると、約二〇年間、国家の指導者であり、軍の最高司令官でもあった人物と、その最側近が政界から身をひくことになる。

では後継者は誰なのか。ミャンマーは法治よりも人治の国なので、新憲法という制度の運用も、指導者次第でいかようにでも変わる。最高指導者に加えて重要なのは、軍のトップだ。新憲法では大統領に現役軍人はなることができないため、二三年ぶりに国の最高権力者と軍の最高司令官に別々の人物が就くことになる。いったい誰が新たに軍を率いるのか。
寡黙な独裁者の真意は軍幹部も推し量ることができず、政権関係者は緊張していた。

テインセイン

二〇一一年三月三〇日、新大統領に就任したのはテインセインだった。

テインセインが生まれたのはエーヤワディ・デルタの南西端にあるンガプードー郡のチョンクー村である。エーヤワディ川の支流であるパテイン川の河口から一五キロほど上がったところにある。川幅は三キロはあり、雄大といえばそうだが、村の地面と川面の標高差があまりなくて、はじめてみると大河に飲み込まれそうで足がすくむ。

この村で生まれたテインセインの父は農業労働者であった。農業労働者はミャンマーの農村で最貧層にあたる。電気もない村の農業労働者家族の末っ子として育つ。村には小学校しかなく、中学校は別の村で通い、その後、エーヤワディ管区の中心地パテインの高校に入学した。知り合いの家を転々としながら通ったという。学業成績はよかったが経済的に大学に通うことは難しかったため、給料がもらえて学歴も得られるという理由で、軍の士官学校を受験した。一九六三年に第九期生として卒業し、陸軍に配属された。

落ち着いた性格と事務能力の高さで順調に昇進する。転機となったのは地方の大隊長から参謀本部への異動だった。一九九一年のことだ。間もなくタンシュエが軍最高司令官に就任し、タンシュエのもとで高級幕僚として働くなか信頼を得る。新たな軍管区である三角地帯軍管区（シャン州東部）の開設を司令官として任され、その後、再び参謀本部に呼び戻されて、軍務局長に就任した。キンニュンの失脚後、二〇〇四年に国家平和発展評議会（SPDC）第一書記になる。二〇〇七年には首相に就任した。

テインセイン

生真面目でおだやかな性格だと関係者は口をそろえる。長く身近で務める秘書官の話では、テインセインが声を荒らげて怒ったところをみたことがないという。怒るときはあるが、そのときはただ黙り込む。軍人特有のボス然とした振る舞いはみせず、それだけに、タンシュエに従順なイエスマンだとみられていて、下馬評は決して高くなかった。

本人も自身の大統領就任は予想していなかったという。

筆者とのインタビューでテインセインは、自身の大統領就任までを振り返り、おおむね以下のように語った。

自分は、SPDC第一書記として国民会議で新憲法の草案をとりまとめ、サイクロン・ナルギス(二〇〇八年五月にエーヤワディ・デルタを直撃し、一四〇万人以上の被災者を出した)の復興支援を統括する自然災害対策中央委員会の委員長も務めた。首相にもなって外交の舞台にも立った。だが、そのあと引退するつもりでいた。というのも、タンシュエ将軍には意中の後継者がいたからだ。ソーウィン将軍(キンニュン失脚のあとに首相に就任)を後継者として考えていたと思う。ところが、二〇〇七年にソーウィンは病気で亡くなってしまった。後任で首相を務めたのは自分だが、それでも後継候補だったわけではない。最有力候補は三軍統合参謀長のトゥラ・シュエマン将軍だった。そのうち、二〇一〇年の選挙に立候補することになり、大統領にまで就任することになった。どちらも予想していなかった。胸にはペースメーカーも入っているから、大統領の激務は健康にもよくない。家族も引退を望んでいた。妻は私が大統領になっても喜ばなかったし、一度も外遊に帯同しなかった。

テインセインが本当に大統領就任を望んでいなかったのかについては留保が必要だが、政権中枢にいるひとたちにとって二〇一一年は、タンシュエの後継指名のタイミングだったことが伝わる。昇進争いを勝ち抜いてきた将軍たちが、権力継承に強い関心を持つのは不思議なことではない。

そして、タンシュエが選んだのは、作戦将校として出世コースの王道を歩んだトゥラ・シュエマンではなく、控えめで調整と組織管理に長けたテインセインだった。シュエマンは与党党首で下院議長になる。これも決して低い地位ではないが、本人はひどく落胆していたという。

新しい軍最高司令官

その頃、軍の新人事でも番狂わせがあった。新最高司令官の最有力候補と目されていた人物が土壇場で外されたのだ。

二〇一〇年八月に地方司令官のトップである軍管区司令官以上の役職だけで三七のポストが変わった。この異動で、タンシュエとマウンエーを除く五〇代後半から六〇代の幹部たちがそろって退役した。むろん、ただで辞めさせることはない。退役した軍幹部の多くは、連邦団結発展党(USDP)から一一月の選挙に立候補することになっていた。選挙が自由で公正だとは誰も考えておらず、USDPが必ず勝つ選挙だと予想されていて、議員という「天下り」先を準備して軍の若返りを図る人事であった。

この時点で次期最高司令官の有力候補だったのは、トゥラ・ミンアウン中将だ。前述の人事異動時に、その名前は幹部リストから消え、タンシュエ将軍と行動をともにしていた。新政権発足とともに、最高司令官となるシナリオが描かれていたのだろう。ところが、最終的には、シュエマンの後任で三軍統合参謀長に昇進していたミンアウンフラインが後任となった。

テインセインによると、トゥラ・ミンアウンの親族に就任を妨げた原因があったという。前章でみたように、二〇〇四年にキンニュンの失脚にともなって軍情報部が解体されていた。その際に多くの情報部の軍人が逮捕・投獄されたわけだが、トゥラ・ミンアウンの親族がそこに含まれていたことが発覚し、後継候補から外されたという。

大統領有力候補だったシュエマンの就任見送りについても、息子ふたりが財閥の役員ポストに就き、うちひとりは政商の娘と結婚するなど、家族と財界との深いつながりが理由だといわれている。両人ともに「身体検査」にひっかかったといえそうだ。

このタンシュエの決定は、ミャンマーの軍事独裁が持つ癖のようなものとも関係している。タンシュエの権限は強大で、富も集まり、家族は多くの特権を享受している。だが、姻戚関係を軍の幹部人事に持ち込むことはなかった。ある種の公私の区別のようなものがそこには働く。親族を優先する人事は、軍内に無用なハレーションを引き起こすからだろう。タンシュエは、軍の外に支持母体をもたないため、軍内政治には神経をとがらせてきた。ましてや二〇年ぶりの政府と軍の指導者交代となれば格段の配慮が必要である。タンシュエの慎重さがうかがえる新人事だった。

2　制度が変わり、行動も変わる

テインセイン政権が発足した当初、期待は高くなかった。独裁が終わったとはいえ、軍事政権時代の幹部たちが政権に居座っているのだから自然な推測だろう。ところが、その後、予想を超えて急速に改革が進む。

ただ、世界の民主化事例を観察すると、こうしたことはそれほど珍しくない。民衆の革命で起きる民主化よりも、権威的な体制が自ら自由化や民主化を進めることの方が数としては多い(Albertus and Menaldo 2018)。こうした改革を引っ張るのは、往々にして旧体制内にいた改革派で、テインセインと彼を支えた幹部たちは、まさにそうしたひとびとであった。

公式制度の変化

まずは、二〇〇八年憲法における制度のセッティングを知っておく必要があるだろう。

新憲法では、執政府、立法府、軍が分離された。ミャンマーの場合、司法府は公式制度としては独立していても、実際の権力は弱いので、ここでは説明を省略する。SLORCやSPDCといった軍事評議会に権限が集中した体制は終わり、権力均衡の仕組みが生まれた(図表3-

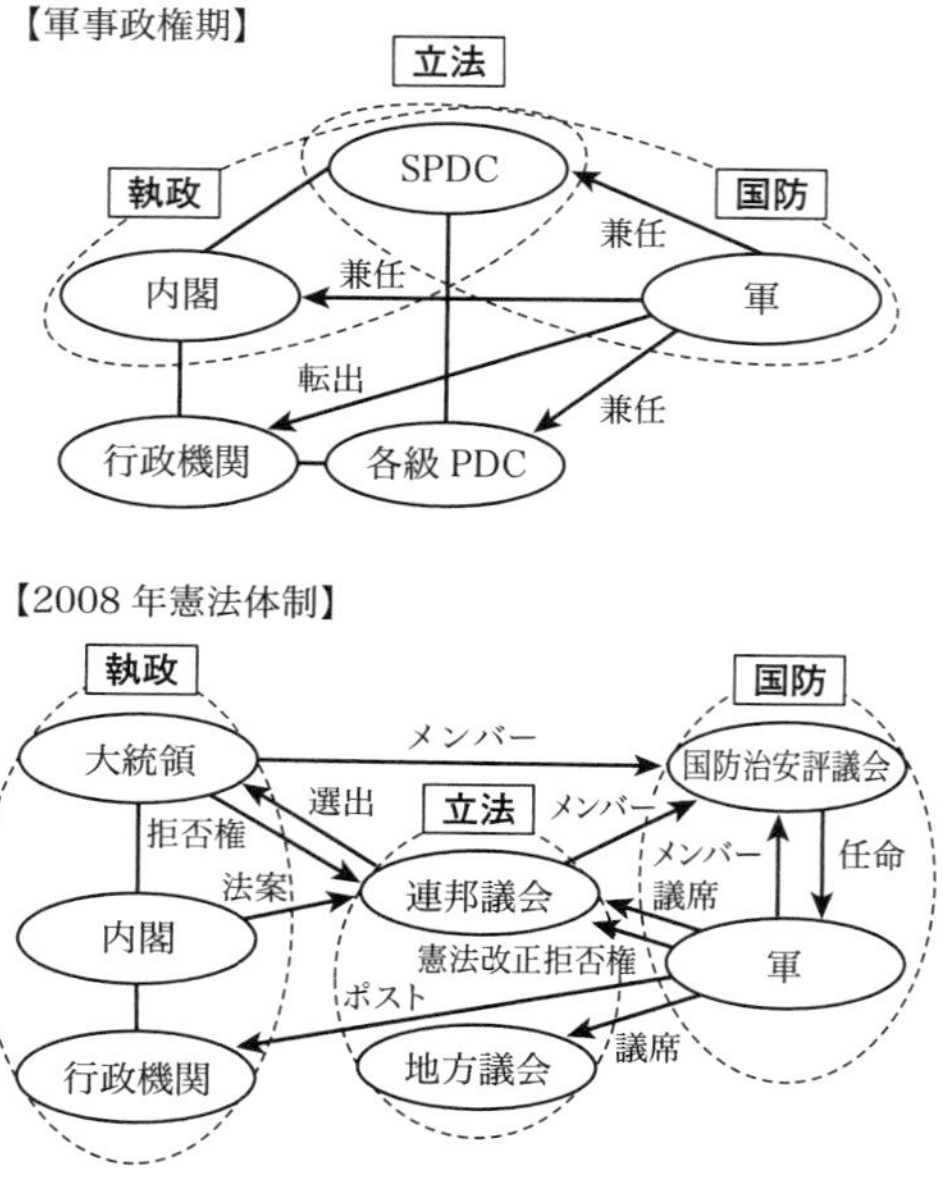

図表３－１　民政移管後の統治機構イメージ

1）。それぞれの機関の特徴をみていく。

最初は執政府である。二〇〇八年憲法は大統領制と議院内閣制の混合形態をとる。執政府の長は大統領であるが、大統領は議員による投票で選出される。具体的には、連邦議会議員を三つの選挙人団、すなわち、下院の民選議員、上院の民選議員、両院の軍代表議員に分け、それぞれが大統領候補を選び、全議員の投票で大統領と副大統領二名を選出する。

大統領、副大統領、閣僚が議員を兼務することや、政府幹部が政党活動を行うことは禁じられているので、政府幹部に就任した議員は、議員を辞職しなければならない。大統領による議会解散権もなく、執政府と議会との均衡が意識された大統領制的な要素がある。議会が通した法案を大統領が拒否する権限は認められているが、連邦院（上下両院の合同会議）による過半数の賛成で再可決された法案は、大統領が署名しなくとも法律として成立する。したがって強い拒否権ではない。

次に立法府である。連邦議会が設置されて、立法過程にかつてより透明性が生まれた。日本の国会にあたる連邦議会は、下院（現地語では人民院）と上院（民族院）からなる二院制を採用している。下院（定数四四〇）は全国の郡（Township）を基礎にして単純小選挙区制により選出された民選議員（定数三三〇）と、軍最高司令官が指名して大統領が任命する軍代表議員（最大定数一一〇）からなる。上院（定数二二四）は、全国に七つある管区（Region）と、少数民族が多数派を占める地域にあたる七つの州（State）、それぞれに同数の一二議席を割り振って選出される議員民選（定数一六八）で構成される。下院同様に軍最高司令官が指名して大統領が任命する軍代表議員（最大定数五六）がいる。

最後は軍だ。五五歳の将軍をトップとする体制に若返ったうえ、閣僚と公務員の兼務は原則禁止されて、現役軍人が閣僚の大半を占めることはなくなった。政治への関与を弱めたといえる。といっても、それはあくまで過去との比較の話であって、軍の組織的独立性や政治行政への関与はさまざまなかたちで保障された（図表3－2）。

図表 3－2 軍の政治的役割に関する主要な憲法条文

分　類	条　項	内　　容
国家の基本原則	第 6 条(f)	政治リーダーシップへの軍の参画
	第 20 条(e)	連邦の不分裂，国家統合の不分裂，主権の永続に責任をもつ軍
	第 20 条(f)	憲法を守ることが軍の主たる責任
立法権関係	第 14 条	連邦議会・地方議会での軍最高司令官による軍代表議員指名
	第 74 条	上院，下院における軍代表議員
	第 109 条(b)，第 141 条(b)	上下院の軍最高司令官による指名
執政権関係	第 17 条(b)	国防，治安，国境開発・管理における軍最高司令官指名軍人の関与
	第 60 条(b)(iii)	大統領選挙人団を軍代表議員から構成
	第 232 条(b)，第 234 条(b)	国防，内務，国境大臣及び副大臣の軍最高司令官による指名
非常事態宣言関係	第 40 条(b)(c)	非常事態宣言を要する場合，軍は危険を防ぎ，保護を提供
	第 417 条，第 418 条(a)	非常事態宣言による立法，行政，司法権の軍最高司令官への移譲
	第 420 条	非常事態宣言下の国民の基本的権利の制限
	第 421 条(a)	非常事態宣言における軍最高司令官の議会への報告義務
	第 422 条	非常事態宣言下での軍最高司令官の任務終了後の手続き

＊この他にも，国防治安評議会(NDSC)を通じた政治への関与があるが，間接的なものとしてここには挙げない(156 頁を参照).

二〇〇八年憲法の第六条「基本原則」は、軍の政治参加を統治の原則として定めている。また、行政機構への軍将校の出向を認め、連邦議会の上下院定員の最大四分の一を軍最高司令官の指名議員（軍代表議員）とする。さらに、国防大臣、内務大臣、国境大臣もまた軍最高司令官からの推薦をもとに任命されることになっていた。立法、行政への関与が保障されていたわけである。

軍が立法・行政に関与できたとしても、そのトップの人事権を大統領が押さえていれば統制が可能だが、それもできなくなっている。軍最高司令官自身の人事は、国防治安評議会（NDSC）の推薦を受けて大統領が任命するが、この評議会を構成する一一人は、大統領が仮に文民であっても、過半数の六人を軍関係者（現役・退役軍人ないし軍の推薦を受けた者）が占める。つまり、軍の最高司令官人事は軍で決められるのである。軍を指揮する最高責任者も、大統領ではなく、軍の最高司令官だ。

その軍はさらに、憲法改正を拒否する権限を持つ。憲法改正法案の通過には両院それぞれ定数の四分の三を超える賛成を得る必要がある。そのうえで国民投票が必要とされる。議会定数の四分の一を占める軍代表議員の賛成なしには憲法改正はできないため、軍は憲法が規定する政治体制を変えない力を持った。

集団指導体制

大統領制、議院内閣制、そして軍事政権の要素を合わせ持つ体制は、これまでの同国のふたつの憲法、すなわち、象徴的な大統領をいただく議員内閣制を定めた一九四七年憲法、社会主義国をモデルとした一九七四年憲法、これらとはまったく違うものであった。

この新たな憲法と統治機構では、大統領の権限が最も大きいが、与党は立法過程への影響力を使って大統領を牽制することが可能である。軍も政府の一部でありながら実質的には独立し、執政府と立法府にも関与して憲法改正を拒否することができる。大統領、与党(議会)、軍最高司令官、これら三者の間に権力の均衡が生まれることが想定されている。

そうした公式制度の裏に軍人のネットワークが張り付く。大統領には軍事政権時代の元ナンバー4が就任。与党の党首にして議会の議長は軍事政権の元ナンバー3。軍最高司令官にはタンシュエが直接指名した次世代の将軍が就任した。大臣や与党幹部は主に退役した軍幹部たち(大統領、副大統領を合わせた三三名の閣僚のうち、二八名が現役将校か退役将校)。つまり民政移管とは、退役した将軍と、それよりひと回り若い現役の将軍たちによる、集団指導体制への移行でもあったのである。

閣僚名簿はテインセイン新大統領自らがつくり、タンシュエから承認を得た。最初の組閣以降、政権運営に対してタンシュエから指示が下されることはなかったという。このテインセインの言葉を信じるなら、いわゆる院政は敷かれなかったことになるだろう。

改革の原動力

テインセインは軍事政権期に改革のアイデアを温めていたわけではない。そこで多くの大統領顧問を雇った。長く軍内で閉じられていた政策形成過程を、外に開いた意義は大きい。

経済、政治、法律の三チームができ、経済チームにはカリフォルニア大学バークレー校で経済学の博士号を取得し、国連教育科学文化機関(UNESCO)でも勤務経験がある経済学者ウ・ミンや、のちに日本が主導する経済特区ティラワの開発に尽力することになるセッアウンがいた。政治チームには軍から情報省に転出して調査・分析に従事していたコーコーラインと、実業家で文筆家のネージンラッが入った。顧問就任までテインセイン大統領とは面識がなかった者も多い。

政権樹立から一年半かけて、閣内の顔ぶれも、より指導力を発揮しやすい布陣に組み替えられていった。二〇一二年九月、大統領府付大臣をそれまでの二名から六名に増員し、彼らが大統領からの指示を受けて各大臣を統括した。なかでも、最側近はふたりだ。

ひとりはソーテインである。元海軍司令官で民政移管前に第二工業大臣に就任していた。その後、大統領府付大臣のひとりとなり、主に経済官庁の閣僚で構成される経済委員会委員長として、経済案件を一手に統括した。閣議でも、経済についてはソーテインだけが原則として発言を許されたという。「政権発足から半年くらいで民主主義がどういうものかわかってきた」と筆者に語ったソーテインは、イギリスでの滞在歴があり、英語を流暢に話して、外の世界を知る。また、主流である陸軍出身ではないため、過去の指導者とのしがらみが少なかった。

もうひとりの側近はアウンミンである。陸軍で軍管区司令官まで昇進したあと、二〇〇三年に鉄道運輸大臣に就任して、その地位を八年間にわたって務め、実務能力の高さが評価されて民政移管後も留任していた。テインセインから少数民族武装勢力との和平交渉を進めるように指示を受け、自身のもとに、NLDと一線を画して内部から改革を目指してきた第三勢力を集めた（第三勢力については第1章参照）。亡命生活をしていた活動家や、海外にいた知識人たちも協力する。和平交渉だけでなく、テインセイン大統領への各種助言や外交団とのつなぎ役を果たすようになった。

このふたりはともに軍の主流派ではなかった。ソーテインは元海軍将校で、陸軍中心のミャンマー軍では傍流である。アウンミンも軍管区司令官で大臣に天下った軍人であり、軍内のトップクラスではない。従来の軍内の序列に配慮せずに、テインセインは側近として彼らを重用したわけである。その側近のもとに内外の実務家や知識人などがつながった。軍事政権時代にはなかったひとのつながりだといえる。

一方で改革路線に抵抗する閣僚たちは力を失った。たとえば、副大統領に就任していたティンアウンミンウは、軍参謀本部で兵站局長やSPDC第一書記を歴任した有力者で、民主化勢力に対する強硬な姿勢と、中国寄りの人物として知られていたが、二〇一二年に辞職した。

体制の弱み

テインセイン政権には弱みもあった。三点挙げよう。

まず、抜きがたい軍事政権のイメージである。テインセインがどれだけ改革を進めようとも、軍事政権時代の首相だったという過去は変わらない。政権幹部も元将軍たちが大半だ。改革が進んでも、過去の軍事政権のイメージを払拭することは難しかった。

次に、与党の弱さである。体制の維持という観点からではこれが最も深刻な問題といえる。与党のUSDPは、両院で過半数の議席（二〇一二年時点で下院では五一・五％、上院では五四・九％）を占めていた。この政党の母体は、一九九四年に結成された大衆動員組織である連邦団結発展協会（USDA）にある。USDAは公務員や軍人の家族などに加入義務があり、公称の構成員は一〇〇〇万人であった。

このUSDAを政党として再編したのがUSDPで、将軍たちが退役して同党の最高幹部に就任した。所属議員のプロフィールをみると、両院ともに、実業家と公務員出身者がそれぞれ三割強ずつを占め、軍人は幹部層を中心に一割弱である（中西 2015）。筆者が話を聞いた限りでは、議員たちのモチベーションは概して低かった。軍から立候補の依頼があり、断るわけにもいかず引き受けて当選した者も少なくない。したがって、政党としての統合力は弱い。

三つ目の弱みは、立法府との対立である。下院の議長であるトゥラ・シュエマンが、議員からの支持を背景に次第に幅を利かせるようになり、大統領と対立するようになった。スーチーが野党議員となったあとにはスーチーにも接近を図った。大統領候補から一転して下院議長となったトゥラ・シュエマンが、権力への意思をむき出しにしたことで、大統領と与党との歩調が合わなくなっていく。

ミャンマーの新体制は集団指導体制ではあっても、ベトナムのそれとは違った。ベトナムは共産党による一党支配を基礎として、共産党書記長、国家主席、首相、国会議長の「四柱」が国を動かす集団指導である。ミャンマーでは、大統領、与党党首、軍最高司令官、それぞれの支持母体が違うため、時間とともに集団指導内部に亀裂が生じ、緊張関係が生まれた。

3　自由化と政治和解

自由化はどう進んだのか

民主化には、政治参加の拡大と社会の自由化とが含まれる。テインセイン政権期の議員たちは自由で公正な選挙によって選ばれたわけではない。したがって、政治参加の拡大という点では限界があって、民主的な政権とはいえないだろう。変化の幅が大きかったのは自由化である。

たとえば、結社の自由をみてみよう。二〇一二年から、各地で農民による土地返還運動が頻発した。「馬鍬《まぐわ》の戦い」(トゥンドウン・タイブェ)と呼ばれるこの運動は、軍政時代に政府や企業に収容された農地の返還を求めるものである。あるNGOの調査によれば、全国から二〇〇〇以上の不当な土地収用の報告があり、詳細がわかる事例だけでも争いのある農地の面積は二五万エーカー(約一〇〇〇平方キロメートル)を越えた。これまで権力に従順な存在とみなされてきた農民たちが行動を起こす力となったのは、二〇一二年に制定された労働組合法と新農地法である。農民たちがこの法律で組合を結成し、政府への不満を表明するようになったのだ。

政治運動としては、「黒リボン運動」と「黄リボン運動」も時代の変化を感じさせた。「黒リボン運動」は保健省に勤める医療関係者たちが、同省への一三人の軍人の異動に反対した運動で、彼らは異議を表明するために胸元に黒いリボンをつけて仕事をした。他方、「黄リボン運動」は、最高裁判所の事務部門に軍人が着任するという決定に対して、主に弁護士たちが黄色いリボンをつけて反対の意思を示した運動である。かつて非公式の人事慣行として当たり前になっていた軍将校の「天下り」(モーチャーシュエコー)に抵抗する運動を、政府が許容するようになったのである。

他にも、壊滅状態だった学生運動が復活したし、開発や社会運動を担うＮＧＯも各地で増えた。この結社の増加がのちのち、クーデターに対する市民の抵抗につながる。

言論の自由も大幅に緩和された。大きかったのは事前検閲の撤廃である。検閲の責任機関であった報道審査・登録局が、二〇一二年八月に事前検閲をやめ、翌年には同機関が解体された。二〇一四年三月には自由な出版活動を認める印刷出版会社法が施行される。

政府はメディア産業への民間参入も進めた。それまで国営紙しかなかった日刊紙に、新規ライセンスが発行されて、二〇の団体・企業が参入した。同様のことが、週刊紙、月刊誌、テレビなどでも起きた。「イラワジ」(The Irrawaddy)、「ミッジーマ」(Mizzima)、「民主ビルマの声」(Democratic Voice of Burma)といった、亡命ミャンマー人が海外を拠点に立ち上げたメディアに対しても、ミャンマー国内での活動を許可した。

検閲の廃止や既存メディアへの民間参入と並行して進んだのは、インターネットの普及である。スマートフォンが急速に広がって、携帯電話を通じた情報通信、なかでもソーシャル・メディアの利用が短期間のうちに日常化した。インターネットを含めた通信事業は、長らく運輸・通信省下のミャンマー郵便・電話公社(ＭＰＴ)が独占していたが、二〇一三年の新通信法の施行にともなって、海外企業二社、国内企業二社に新規ライセンスが発行されることになった。ノルウェーのテレノール社とカタールのオーレードゥ社が競争入札で落札し、通信ネットワーク敷設と携帯電話サービス業に参入する。国営のＭＰＴは日本の住友商事とＫＤＤＩが共同事業運営をすることになった。各社の競争で通信サービスの利用料金が大きく下がった。

かつて二〇万円は必要だった携帯電話の購入も、安価なＳＩＭカードと中国から輸入されたスマートフォンで、都市、村落問わず、手軽にできるようになった。スマートフォンと、ソーシャル・メディアとして最も利用されたフェイスブック、両者がこの国の市民社会を大きく変えた。

行われた「手打ち」

この自由化と並行して進んだのが政治和解である。

二〇一一年八月一九日、ネーピードーの国際会議場で二〇〇人以上の出席者が大統領主催のセミナーの開始を待っていた。午後一時の開始予定時刻から一時間はとうに過ぎていたが、まだはじまらない。大統領の到着が遅れていたからである。

それでも出席者から不満の声は出なかった。ある大臣は「遅ければ遅いほどいい」と周囲に小声で言ったという(Kyaw Yin Hlaing 2014)。そのころ、大統領府でテインセインとスーチーとが会談中だった。両者が直接顔を合わせるのは初めてのことである。大統領顧問のひとりが会談を準備し、セミナーにスーチーを招待して実現した。会談の内容はわかっていないが、のちに彼女は「(テインセイン)大統領となら協力できる」と語る。セミナーの二日目には彼女も出席し、最前列に席が用意された。

この会談での手応えと、市民の自由の拡大、また政治囚の釈放が進んだことで、スーチーの姿勢が軟化した。その結果が補欠選挙への参加である。二〇一二年四月の補欠選挙にNLDは政党登録し、そして圧勝した。争われた四五議席のうち四三議席を獲得する。当選した議員にはもちろん、スーチーも含まれていた。

彼女を含む新人議員たちは五月に初登院し、宣誓では二〇〇八年憲法を遵守することを約束した。二〇〇八年憲法を認めたくないスーチーにとって、この宣誓は本意ではなかっただろう。実際、宣誓を嫌って登院をいったんボイコットしたほどだ。

確かに、宣誓が意味するものは重かった。議会に参加して将来的に政権を獲得するチャンスが生まれるものの、そのまま野党議員に留まってしまう可能性がある。また、憲法には過去の軍事政権の免責条項があり(第四四五条)、憲法を遵守するということは、過去の弾圧や人権侵害を水に流すということでもあった。

一方のテインセインもリスクをとっていた。彼女を議員として受け入れることは新体制の包括性を内外に示せる点で有利だが、政権や体制の将来に不確実性が生まれる。軍をはじめとする保守的な勢力からの反発も予想できる。双方が利害を計算して行われた「手打ち」、それがスーチーの議員就任の意味だったといえよう。

その後スーチーは、ミャンマーで進む改革のグローバル・アンバサダーのような役割を果たす。特に彼女の欧米社会への訴えかけは効果的だった。二〇一二年九月にスーチーは米国を訪れ、ヒラリー・クリントン国務長官と会談後、ワシントンDCのシンクタンクで演説し、「民主化の勢いを維持するのに米国の制裁をあてにしてはいけないと思う」と発言する。制裁緩和とテインセイン政権への支持を訴えたわけである。同じ頃、テインセイン大統領も国連総会に出席するためにニューヨーク訪問中で、同じタイミングで自身の改革の意義を、世界に訴えた。

そして、ミャンマーに対する制裁の緩和が進んだ。このスピードは驚きだった。ミャンマーには欧米諸国の国益は薄い。新政権発足からわずか二年足らずで、しかも政権の指導者層はほとんどが軍関係者だ。それでも制裁緩和が進んだのは、スーチー効果なしには説明できない。

野党の党首という立場を考えるなら、政権にここまで付き合う必要はない。だが、ここで新政権の改革を後押しすれば、NLDと国の将来にメリットがあるという計算がスーチーに働いたのだろう。また、年齢が彼女を急がせたのかもしれない。一九四五年生まれの彼女にとって、指導者として残された時間はそう長くない。二〇一五年に予定された総選挙にむけて、テインセインの改革を最大限に利用して自身の存在感を示したともいえる。

議会でも彼女は新しい顔を見せた。二〇一二年、中部のザガイン管区モンユワ郡にあるレッパダウンで銅山開発をめぐるトラブルが起きていた。この開発事業は、ミャンマー政府と、前章でも触れた軍所有企業のミャンマー連邦経済ホールディングス(UMEHL)、そして中国国有企業の中国万宝鉱産有限公司が関わっていた。この事業区域内からの立ち退きを拒否する一部の農民たちと運動を支援する団体、僧侶たちが座り込みを行った。それを警察が強制排除した際に負傷者が出て、スキャンダルとなっていた。

同年一二月に大統領により調査委員会が設置され、下院議員のスーチーが委員長となる。三カ月後に提出された最終報告書の結論は、住民の訴えに一定の理解を示し、事業内容の改善を条件としつつも、銅山開発事業継続を提言するものだった。国益と国民の利益にかない、環境への負荷も大きなものではないというのがその理由だ。また、事業の中止によって生じる海外からの投資への悪影響にも触れられ、暗に中国への配慮を示すものでもあった。

報告書発表後、彼女が説明のためレッパダウンを訪れると、反対派住民から詰め寄られ、非難された。市民から敵意を向けられる、彼女にとってこれまでにない経験だっただろう。ひとびとを率いる活動家ではなく、有権者から批判を受ける政治家スーチーの姿がそこにはあった。

4　紛争への新しいアプローチ

多民族の国

テインセインの改革にはさまざまなものがあるが、そのなかでも重要課題と位置づけられたのが少数民族武装勢力との和平交渉である。

ミャンマーでは武装勢力が大小合わせて五〇近く存在する。そのうち、政府と敵対している勢力の多くは、主要民族であるビルマ人の中央集権的な統治体制に抵抗し、自民族の自治権拡大を求めてきた。根拠地は主に中国とタイの国境地域である。こうした勢力と軍は独立以来戦ってきたわけで、紛争がこの国の発展を阻害してきたことに異論のある者はいないだろう。テインセインは和平への一歩として全土での停戦を目指す。

停戦交渉をみていく前に、まずはミャンマーの民族構成について把握しておきたい。

多民族国家であるこの国では、八つの主要民族、そのそれぞれの下位分類を合わせて一三五の民族が、一九八〇年代半ばから政府に公認されてきた（図表3－3）。ここで八つの主要民族とは、ビルマ人、チン人、カチン人、カイン人、カヤー人、モン人、ラカイン人、シャン人である。ビルマ人は主要民族で主に管区と呼ばれる行政区内に暮らし、その他の七つは少数民族

図表３-３　ミャンマー政府が定める135の土着民族名

カチン(12)	カチン／タローン／ダラウン／ジンポー／ゴーリー／カ・ク／ドゥレン／マルー(ロンウォー)／ラワン／ラシー／アヅィー／リス
カヤー(9)	カヤー／ザイェイン／カヤン(パダウン)／ゲーコー／ゲーバー／パイェ(カヨー)／マヌマノー／インタレー／インボ
カイン(11)	カイン／カインピュー／パレーチー／ムンカイン／スゴー／タレーボワ／パクー／ブエ／モーネーボワ／モーポワ／ポーカイン
チン(53)	チン／メイテイ／サライ／カリンコー／カミ／アワカミ／コーノー／コンソー／コンサイチン／クアルスィム／クアンリー／ガンテー／グイテー／ンゴーン／スィザン／センタン／サイザン／ザハウ／ゾウトゥン／ゾウペイ／ゾウ／ザンニアッ／タポン／ティディム／テイザン／タション／タドー／トール／ディム／ダイ／ナガ／タンクール／マリン／パヌン／マガン／マトゥ／マラ／ミエル／ムン／ルシャイ／レムロー／レンテー／ラウトゥ／ライ／ライゾウ／ワキム／ファアルンゴウ／アヌ／アナル／ウップー／リング／アショーチン／ロントゥー
ビルマ(9)	ビルマ／ダウェー／ベイ／ソー／ヤベイン／カドゥー／ガナン／サロン／ポン
モン(1)	モン
ラカイン(7)	ラカイン／カマン／クミー／ダイネッ／ムラマージー／ムロ／テッ
シャン(33)	シャン／ユン／クウイ／ピイン／タオ／サノー／パレー／イン／ソウン／カム／コー／コーカン／カムティ・シャン／ゴゥン／タウンヨー／ダヌ／パラウン／ミャウンジー／インチャー／インネッ／シャン・カレー／シャン・ジー／ラフ／インダー／アイトゥエ／パオ／タイ・ルェ／タイ・リエン／タイ・ロン／タイ・レー／マインダー／モーシャン／ワ

＊読みやすさを考慮して「人」を省略.

としてそれぞれの民族名を冠した州がある。

民族ごとの人口は実はよくわかっていない。最後に主要民族別の人口数が発表されたのが一九八三年で、四〇年近く前のことだ。それも、全国での民族別割合が示されただけで、地域ごとのデータがない。二〇一四年に三〇年ぶりに人口調査が実施されたものの、民族構成は、社会的な影響を考慮してか、発表されなかった。

そこで、内務省下にある総務局(GAD)が郡ごとに作成している記録を集計して民族別人口を割り出したのが図表3-4である。国際機関の支援を受けて実施された人口調査の結果よりも人口が三〇〇万人ほど少ないなど、信用度はやや落ちる。とはいえ、内務省には住民情報が集まっていて実務に使用されているのだから、参考にはなるだろう。

内務省での民族分類は、一三五の民族からなる土着民族(タインインダー)と、それ以外の民族および外国人に大別される。土着民族とは、イギリスによる植民地支配前からミャンマーの地に暮らしていた民族と観念される諸集団のことだ。前述の八つの主要民族がそれにあたる。一方で、中国系やインド系など、植民地支配後にミャンマーに移住してきたとされる集団と、その子孫とみなされるひとびとは、土着民族でないものとされる。

全国でみると、主要民族であるビルマ人が六八・一%を占める。一九八三年の調査結果とほぼ同じだ。地理的な分布をみると、ビルマ人は主に中央平野部とデルタ地帯に住む。一方で、周辺にある少数民族州では、それぞれの地域で州名になっている民族が多い。ただし、その割合には州ごとに違いがあり、ラカイン州とチン州ではそれぞれラカイン人とチン人が過半数を超える一方、カチン州、モン州、シャン州では過半数を超えるような民族はいない。なかでもシャン州は一五万五〇〇〇平方キロと広大で山岳地帯が続くため、多様な民族集団が暮らしていることがわかる。多くの少数民族武装勢力は、このシャン州内に拠点を持つ。

全　国

ビルマ人	33,266,381	68.1%
カイン人	3,122,388	6.4%
シャン人	2,263,026	4.6%
ラカイン人	2,113,688	4.3%
モン人	1,304,478	2.7%
チン人	998,848	2.0%
カチン人	824,725	1.7%
カヤー人	181,964	0.4%
公定民族その他	3,273,789	6.7%
華人系	316,813	0.6%
南アジア系	1,218,261	2.5%
合　計	48,884,361	100.0%

図表3－4　各管区・州の民族構成（図表ともに各郡の総務局資料より作成）

停戦交渉

紛争当事者の主な組織を示したのが図表3－5である。国内に武装勢力を抱える国は世界に多くあっても、ここまで大小さまざまな勢力が長期にわたって存在している地域はまれだ。

独立以来、国土全体を政府が実効支配したことのな

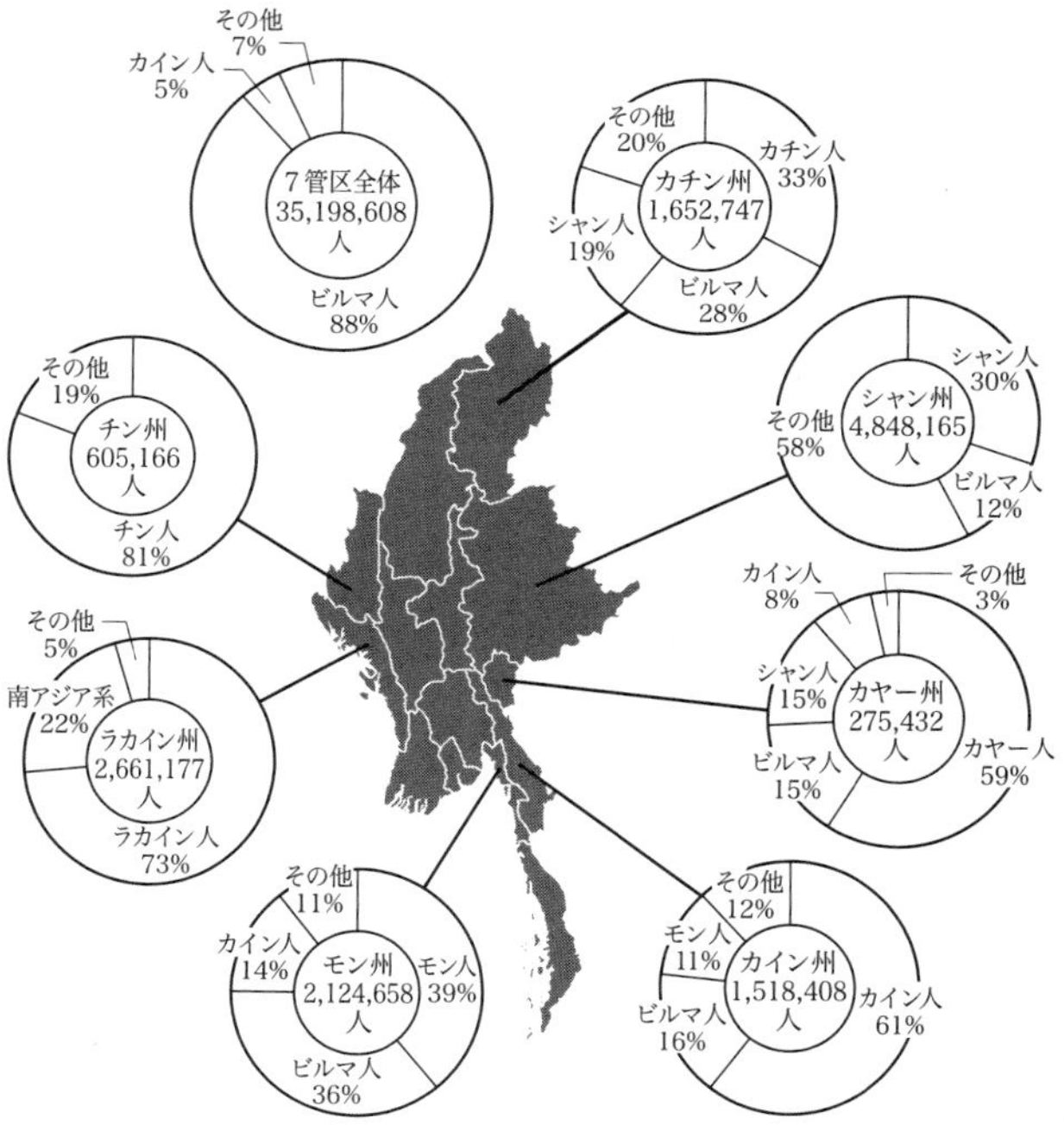

いこの国で、和平の試みは何度かあった。たとえば一九八八年のクーデター後に、キンニュンが国境地帯の武装勢力と個別に停戦合意をとりつけていった。それらと比べると、テインセインの試みは、全国規模でしかも合意文書にもとづく停戦を目指した点で新しい。

動き出しは早く、二〇一一年八月に大統領は「和平交渉への招待」という声明を発表して、国内和平を呼びかけた。当初の構想は三段階での武装勢力の統合だ

活動地域
ミャンマー東北部管理区域，ラカイン州北部
ミャンマー東北部と南部の管理区域
ラカイン州北部・カイン州
チン州中央部から西部の一部
カイン州中央〜南部
ミャンマー東北部(カチン州とシャン州北部の境界)
カヤー州南部
カイン州北部〜中央部，西部中央，バゴー管区東部(カイン州の境界付近)，カイン州中央南部，南部，タニンダーリー地方域北部
カイン州南部，中央西部
シャン州南部(タイとの国境付近)
シャン州北部，南部
シャン州東部，中国－ラオス国境付近のメコン川部分
モン州全域(北部，中央部，南部)
サガイン管区北部
シャン州北部，南部，南西部
シャン州全域
シャン州全域
シャン州北〜北西部
シャン州東北部

図表3－5　主要な少数民族武装組織リスト

組織名（略称）	組織名（正式名称）	勢　力（人数）	設立年
AA	アラカン軍	3,000	2009
ABSDF	全国ビルマ学生防衛軍	400＋	1988
ALP	アラカン解放党	60–100	1968
CNF	チン民族戦線	200＋	1988
DKBA-5	民主カレン親愛（友愛）軍	1,500＋	2010
KIO/KIA	カチン独立機構/カチン独立軍	10,000～12,000	1961
KNPP	カレンニー民族進歩党	600＋	1957
KNU	カレン民族同盟	5,000＋	1947
KNU/KNLA Peace Council	カレン民族同盟/カレン民族解放軍（平和評議会）	200＋	2007
LDU	ラフ民主連邦	＜100	？
MNDAA	ミャンマー民族民主同盟軍	2,000＋	1989
NDAA-ESS	東部シャン州民主民族同盟軍	4,000＋	1989
NMSP	新モン州党	800＋	1958
NSCN-K	ナーガランド民族社会主義評議会	＜500	1980
PNLO	パオ民族解放機構	400＋	1949
SSA/SSPP	シャン州軍/シャン州進歩党	8,000＋	1964
SSA/RCSS	シャン州軍/シャン州復興評議会	8,000＋	1964
TNLA	タアン民族解放軍	6,000＋	1992
UWSA	ワ州連合軍	30,000	1964

出所）Myanmar Peace Monitor ウェブサイトより作成

った。具体的には、①州(地方政府)での停戦の実現と武装組織の連絡事務所の設定、②武装組織が連邦からの不離脱を約束したうえでの政党による合法的政治活動への転換、③連邦議会での恒久的和平合意への署名である。この案は武装勢力には受け入れられなかった。中央政府の優位を前提として設定されたものだからである。ジャーナリストの五十嵐誠が指摘するように、ミャンマーの少数民族武装勢力は、自民族の権利だけでなく、民族間の平等や少数民族州への分権を求めてきた(五十嵐 2015)。

より分権化の進んだ国家構想は「フェデラル・ピータウンズー」と呼ばれる。英語の連邦を意味する「フェデラル」に、ビルマ語で連邦を意味する「ピータウンズー」を重ねたものだ。一見奇妙な言葉だが、目指されているのは、従来からある形式的な連邦制ではなく、少数民族州に自治をより認めた連邦制の確立だ。現行制度に各勢力を取り込もうとする政府の意向は、そうした要求からはかけ離れていた。

少数民族による武装勢力(ロイター/アフロ)

政府の足並みも揃わない。和平の協議中、二〇一一年にカチン州で中国国境地帯を根拠とするカチン独立機構／カチン独立軍（ＫＩＯ／ＫＩＡ）と軍との間で衝突が勃発した。ＫＩＯは規模も大きい有力組織である。そうした組織と戦闘したなかでは全国での停戦の実現は遠くなる。大統領は軍最高司令官に作戦を中止するよう指示したといわれている。

交渉が難航するなか、政府は柔軟な姿勢に切り替える。政治対話を先送りして、まずは全国的な停戦の合意を優先することにしたのである。二〇一四年八月には、政府と武装勢力との交渉の結果、合意文書案に「民主主義と連邦主義に基づく連邦国家を樹立」という文言を含めることが合意された。さらに、武装勢力と軍が対等に統合された連邦軍の設置も、停戦合意後の交渉で議論の俎上にのせることが約束された。軍内において長く「フェデラリズム」（連邦主義）という言葉はタブーで、口にすることもはばかられた。テインセインが大きく歩み寄ったわけである。

この新たな和平路線を支えたのが、テインセインの側近であるアウンミン大臣とミャンマー和平センター（ＭＰＣ）だった。幹部スタッフのなかには、国境での武装闘争に加わった経験を持ち、少数民族武装勢力関係者と人脈のあるひとびとがいた。武装勢力と日常的に対話を繰り返すことで、勢力間の信頼醸成を進めようとした。

二〇一五年三月三一日に、連邦国家の不分割を原則としたうえで、停戦時の条件や民間人の保護、停戦監視などについて合意事項を記載した文書（ＮＣＡ）がまとまる。なかには、連邦軍の創設も検討事項として含まれ、同時に、統合から内戦終結のための七段階のロードマップ（①NCA調印、②政治対話、治安部門の統合に関する協議事案の策定、③政治対話、治安部門統合の実施、④連邦会議開催、⑤連邦憲章への調印、⑥連邦議会の承認、⑦実施）も作成された。

そして、テインセイン政権の任期の終盤である二〇一五年一〇月一五日に八つの少数民族武装勢力による停戦合意署名へと結実する。調印組織のなかでも、一九四九年から武装闘争を続けてきたカレン民族同盟（KNU）の合意は歴史的な出来事といえた。だが、調印したのは交渉参加組織の半数程度である八組織に留まり、しかも、規模の大きいKIOや、ワ州連合軍（UWSA）、シャン州進歩党（SSPP）といった勢力は含まれていない。

2012年，KNUとの停戦合意（AP/アフロ）

この国の紛争の歴史から考えれば比類のない成果だったが、当初の目標からすれば期待を下回ったと言わざるをえないだろう。

武装勢力との交渉が進むなか、別の対立が暴力的な衝突に発展していた。宗教紛争である。なかでも先鋭化したのが仏教徒とムスリムとの対立だった。きっかけは二〇一二年、西部のラカイン州で起きたロヒンギャと呼ばれるムスリムたちによる仏教徒女性への暴行事件である。事件の加害者は逮捕されたが、彼らとはまったく無関係のロヒンギャの乗ったバスが、今度は同州で多数派であるラカイン人仏教徒に襲われ、一〇名が殺害されるという事件が起きた。そこから全国に衝突が広がった。

ここで理解しておきたいのは、ミャンマーで暮らすムスリムの多様さである。全人口の四・三%と推計されるムスリムのうち(二〇一四年時点の人口で約二〇〇万人)、最大多数はラカイン州に住むムスリムで、その多くはロヒンギャと呼ばれる。ロヒンギャには王朝時代からラカイン州に住んでいた者もいれば、英国の植民地期に主にベンガル地方(現在のバングラデシュ)から陸路で移住してきた者もいる。また、戦後、難民や、労働を目的として移住した者もいると考えられている。ロヒンギャを政府は土着民族と認めず、そのため、その多くが不法移民であるという誤解が社会に広がっている。そこにイスラーム脅威論や陰謀論も加わって、国籍を与えられない差別的状況にロヒンギャは置かれてきた。

ロヒンギャ以外にも、たとえば、北にはかつて中国とインドを行き来する行商であった中国系ムスリムのパンデーがいるし、南にはパシューと呼ばれるマレー系のムスリムもいる。ヤンゴンのような都市部には南アジア各地から移住してきたムスリムたちが独自のアイデンティティをもって暮らし、ビルマ人のなかにもイスラームに改宗したバマー・ムスリムと呼ばれるひとたちもいる。

二〇一二年に端を発する紛争では、そうした多様なムスリムが急進的な仏教徒の標的となり、全国で宗教間の緊張が高まった。ヤンゴン、マンダレーを含めた都市部を中心に、衝突が起き、散発的に二〇一四年まで続いた。衝突の犠牲者は二〇〇人以上になり、避難民は一四万人に及んだ。この紛争がスーチー政権下でのロヒンギャ危機へとつながっていく。

5 経済開発

民政移管で軍の直接統治は終わったが、外交上の孤立状態、なかでも米国による経済制裁を解かない限り、この国の経済発展は見込めなかった。政治和解↓外交関係の改善↓経済発展の条件整備、という筋道は経済学者でなくてもわかる。制裁緩和の鍵はスーチーだ。

そこでテインセインは、スーチーとの和解を進め、二〇一一年一二月のヒラリー・クリントン米国国務長官のミャンマー訪問で、国際社会への「復帰」に目処をつけた。日本、韓国をはじめとしたアジア各国がミャンマーの経済的潜在力に目をつけ、「バスに乗り遅れるな」とばかりに「ミャンマー詣」がはじまり、改革が加速する。

待望の成長

経済学者の三重野文晴によると、テインセインによる経済改革には三つの側面があったという。第一にインフラ整備と直接投資の導入、第二に財政・金融制度を中心とする軍政下の規制の廃止、そして第三に労働や企業にかかわる法制や金融制度など、市場経済取引のルールの整備である（三重野 2021）。

司令経済型の規制の廃止は、公式、非公式のレートが一〇〇倍以上離れた固定為替制度が変動制へと移行し、金融、貿易、通信など各分野で自由化が進んで、国内の規制（たとえば農業への統制）も大幅に緩和された。外国投資法の改正、新中央銀行法の制定、経済特区法（SEZ法）の改正、最低賃金の導入なども実現した。

経済改革はすぐに実を結んだ。国際通貨基金（IMF）によるミャンマーの経済成長率をみると、二〇一〇年代に入って、テインセイン政権が終わる前年までの成長率の推移は、五・二％（二〇一〇）、五・五％（二〇一一）、六・五％（二〇一二）、七・九％（二〇一三）、八・二％（二〇一四）、七・五％（二〇一五）となっている。待望された成長の時代がついに訪れたといえる。

経済成長の原動力となる海外直接投資も、政府の投資委員会が認可した投資額で二〇一一年度(四月から翌年三月)の約三億ドルから、二〇一二年度には一四億ドルと約四・五倍になり、二〇一三年度は三倍近い四一億ドル、二〇一四年度は前年度から二倍の八〇億ドル、二〇一五年度には九五億ドルとなった。隣国タイの二〇一五年度の海外直接投資は三一四〇億ドルで三三倍だから、投資が増加したといっても、まだよちよち歩きの段階ではある。とはいえ、長く停滞に苦しんできたミャンマー経済である。民政移管と新政権のリーダーシップで急速に経済状況が改善したのは、「アジア最後のフロンティア」の潜在力をみせたものといえるだろう。

より詳しくみると、海外直接投資が向かった業種は製造業が七割を超える。多くは輸出産業で、なかでも縫製業への注目度が高かった。軍事政権時代にインフラ(水力発電)と天然資源開発(石油・ガス)に投資が偏っていたときから変わっていく。投資元となる国や地域は、シンガポール、中国、香港、韓国、日本といった東アジア諸国が圧倒的に多く、欧米諸国では英国とオランダがトップ10に含まれるが、存在感は薄い。

すでに東南アジア諸国を広く深く覆っていた製造業のサプライチェーンのなかで、ミャンマーは長く欠けていたピースだった。安い労賃と比較的高い人材の質が労働集約型産業に向いているという認識が、各国の産業界にはあった。

加えて、マーケットとしての魅力もミャンマーは備えていた。約五〇〇〇万人の人口は同じ程度の発展水準であるカンボジア(約一五〇〇万人)やラオス(約七〇〇万人)よりも大きい。成長がうまく軌道に乗れば、中産階級が拡大して消費ブームが起きると予想された。そうなれば、二輪車や自動車が売れ、携帯電話が売れ、ビールが売れ、不動産の価値が上がり、教育投資が拡大する。いずれも東南アジア諸国で起きてきたことだし、直近ではベトナムがまさにそういう経験をした。ミャンマーでも同じことがきっと起きる。そうみられていたのである。

維持された権益

最後に経済改革の暗部にも目を向けておこう。

「部屋のなかの象」(an elephant in the room)という英語の慣用表現がある。部屋のなかに象がいれば誰でも気がつくはずなのに、その部屋にいるひとたちが平然としている状況を想像して欲しい。まるで存在しないかのように皆が振る舞う大問題が「部屋のなかの象」だ。

軍の存在はまさにその象だった。軍自体がミャンマー連邦経済ホールディングス(UMEHL)とミャンマー経済公社(MEC)という大きな企業グループを抱えていることにくわえて(第2章参照)、軍と関係の深い財閥がある。この財閥は経済改革による成長の恩恵を受けて権益を拡大した。

図表3－6は大和総研がまとめたミャンマーの主要財閥に関する情報である。すべてが軍事政権下で成長した企業グループであるため、軍とのつながりも、退役軍人が要職を占めるテイ

主な取扱業種
ビール，たばこ，宝石，翡翠，鉄，化学，ホテル，生損保，旅行
ビール，タイヤ，ボルト・ナット，通信，生保
農業，食品・飲料，家具・インテリア，建設，セメント，IT，ホテル，航空・運輸，国際物流，生損保，ガソリンスタンド
農業，鉱業(翡翠，ルビー)，製造業，通信，航空，不動産，ヘルスケア，生損保，証券
不動産，セメント，建設・建設資材，生損保，ホテル，ガソリンスタンド，BMW 公認取扱店
ゴム，セメント，エネルギー，建設，高速道路運営，生損保，証券，ホテル，ガソリンスタンド
小売，建設，不動産，ホテル，港湾(ヤンゴン港)，空港(ヤンゴン，ネピドー)，生損保
農業，建設，不動産，ガソリンスタンド，ホテル，レストラン，ゴルフ場
通信，電力，エネルギー，建設，不動産，証券，ホテル
農業，食品加工，木材，ゴム，建設・不動産，ホテル，ガソリンスタンド
石油・ガス開発，セメント，光ファイバー，衣料品，建設，通信，金融，ホテル・リゾート開発
プランテーション，金融，不動産，ヘルスケア，自動車販売，旅行
食品，小売，建設，不動産，生保，ヘルスケア，車・農業機械販売

図表 3-6　ミャンマーの主な財閥と取扱業種

財閥名	設立年	代表者名
ミャンマー連邦経済ホールディングス(UMEHL)	1990	*
ミャンマー経済公社(MEC)	1997	*
トゥー・グループ	1990	テーザー
カンボーザー・グループ	1988	アウンコーウィン
シュエタウン・グループ	1990	アウンゾーナイン
マックス・ミャンマー・グループ	1993	ゾーゾー
アジア・ワールド・グループ	1992	ロー・シンハン(スティーブン・ロー)
エデン・グループ	1990	チッカイン
IGE グループ	1992	ネーアウン
ダゴン・グループ	1990	ウィンアウン
A1 グループ	1990	イェミン
サージ・パン&アソシエイツ	1983	サージ・パン
キャピタル・ダイアモンド・スター・グループ	1960年代	コーコージー

出所）大和総研「ミャンマーの主な財閥概要」(2020 年 7 月 3 日)を若干修正

ンセイン政権とのつながりも強い。いくつか紹介しておこう。

軍とのつながりという点では、トゥー・グループが筆頭となる。代表のテーザーは、恋人との駆け落ちを理由に軍の士官学校を中退したのち、精米機のリース会社を一九九〇年に設立する。その後、タイとの国境地域での木材伐採権を取得して、米国への木材輸出で財をなした。航空機部品の輸入、建設、不動産などに投資して事業をさらに拡大すると、二〇〇〇年代には軍に接近して、ロシア軍からの兵器調達の代理企業を設立し、戦闘機などの購入に携わったといわれる。タンシュエとの関係はもとより、二〇〇〇年代にその後継者として急速に力を伸ばしていたトゥラ・シュエマンと親しく、その息子をグループ取締役に迎え入れていた。

マックス・ミャンマー・グループの創設者であるゾーゾーは、船員として立ち寄った日本で中古車と中古機械の輸入会社で職を得て、三年間日本で暮らした。そこでマスターした日本語と培った人脈を活かして、帰国後に日本からの中古車、中古機械などの輸入ビジネスをはじめた。その成功で得た資金で建設会社を設立。政府から道路、ダム、灌漑施設などの建設を受注し、二〇〇〇年代前半の新首都ネーピードーの建設でも相当な利益を得たとされる。さらにホテル、翡翠鉱山開発、銀行業にも事業を拡大し、同国有数の企業グループとなった。

ヤンゴン生まれの華人であるパン(潘)兄弟は、華僑の復活組である。社会主義化により一家でミャンマーを離れ、北京、雲南省、香港、米国などで暮らしたあと、一九八三年に香港で起業した。一九九一年にはヤンゴンでサージ・パン&アソシエイツ（SPA）を設立する。金融・不動産・貿易・製造業・インフラなど幅広い事業を展開。経営最高責任者であるサージ・パン（潘継澤）の息子たちは米国に留学し、投資銀行で勤めたあとに、父のビジネスに加わった。グローバル化に適応したアングロ・チャイニーズによるビジネスグループである（白石・ハウ2012）。

変わり種では、中国国境のコーカン出身で、ドラッグ・ビジネスにより富を築いたロー・シーハン（羅興漢。別名スティーブン・ロー）がいる。一九九〇年代初頭にコーカン地域やワ地域の武装勢力との停戦交渉を仲介したことで軍から信頼を得て、そこからアジア・ワールドを設立し、ヤンゴン国際空港の運営やヤンゴン港の最大ターミナルの経営を担う。ドラッグマネーで収益を得るグループが公共インフラの維持・管理の一部を担っているのがミャンマーだ。歪《いびつ》な経済であることがわかるだろう。

スーチー政権へ

以上みてきたように、ミャンマーはテインセイン政権下で大きく変わった。変化をもたらした最大の理由は、テインセインの指導力である。柔軟で行動力のある大統領が生まれたことは、ミャンマーにとって幸運だったといえる。軍事政権時代の首相だというのは拭いがたい過去ではあるものの、むしろ軍人であるがゆえに政治の安定が生まれた。

彼の改革姿勢にスーチーや、米国、日本など多くの関係者と関係国が賭けた結果、民主化、自由化、経済発展、和平交渉、外交関係改善が同時に進んでいく好循環が生まれた。むろん多くの課題は残り、宗教紛争のように悪化した問題もある。とはいえ、国が良い方向に向かっているという期待感を生んだことは間違いない。

この好循環と期待の到達点が、二〇一六年のスーチー政権発足だった。改革の次の段階がはじまる。世界はそう受けとめた。スーチー政権の誕生とその後の展開を、次章でみていこう。

第4章　だましだましの民主主義（二〇一六―二一）

ロヒンギャ難民（アマナ）

二〇一七年の乾季、スーチー政権ができて二年近くたったころ、筆者は連邦議会の議員と一日、行動をともにしたことがある。国民民主連盟(NLD)に所属するその議員は、元歯科医師で、細身の青年。二〇一五年の選挙では得票率八〇・九%と、次点の候補者に五万五〇〇〇票の差をつけて圧勝していた。学歴は高いものの、名の知れた名士一族出身というわけではない。党事務所も簡素な小屋だ。それでも彼が圧勝した理由は、ひとえにスーチー人気である。

その議員に同行した目的は、開発予算の使い方を知るためだった。各郡には一億チャット(約八五〇〇万円)の開発予算が議会を通じて毎年配分されていた。地元の議員たちの裁量で、各地の公共的な事業に使用することができる。貧困国であるとはいえ、一億チャットでできることは限られているが、多くの場合、基礎的なインフラの整備に使用されていた。

この日、自分の選挙区に道路をつくっている様子を議員は筆者に見せるという。場所はある小学校の門前。校門の位置が低く、水はけが悪いために、雨期には大きな水たまりができてしまう。子供たちは足やロンジーを濡らしながら登校しなければならない。そこで、地元の住民たちからの寄付金と、前述の開発予算を合わせて、校門前の道路を舗装するということだった。

舗装する道路は幅五メートルくらい、長さは二〇メートルほどと短かった。現場には、ミキサー車一台と、労働者五人を連れてやってきた建設業者、地元で寄付金を集めた建設委員会の代表がいる。ありふれた小さな舗装工事だが、この学校に子供を通わせる親たちにとっては、念願の工事であろう。

寄付金を集めた地元のリーダーは、いかにこの舗装が子供たちにとって大事で、多くのひとたちが進んで建設資金を寄付してくれたのかを筆者に語った。それを脇で聞いていた議員も誇らしげである。下院議員といっても、給与は月額一〇万円もいかない。平均年収よりは高いけれども、手厚くはない。しかも、給与の二五%を党本部に活動資金として上納しなければならない。ヤンゴンから首都への移動も、議員の多くは長距離バスを利用していた。開発予算の差配は議員による地元還元の絶好の機会となる。

一方で、工事を受注した若い男性の建設業者は、こんな短い道路の舗装はビジネスとしては割に合わないから、功徳を積むためにやっているんだよと笑っていた。

ひととおり話を聞いて、筆者は工事を脇から眺めていた。すると、暇を持て余したのか、先ほど話した建設業者が近づいてくる。いまヤンゴンのどこに筆者が住んでいるのかだとか、日本はこの時期は寒いのか、日本で働いている親戚がいるんだよ、といったありふれた話をする。こちらも聞きたいことを尋ねた。

スーチー政権の発足前後で、この手の建設工事の発注内容は何か変わったか。

以前も開発予算で短い道を舗装することが多かったし、あまり変わらないかな、と彼は答えた。でも、と少し間をあけて続けた。以前の舗装工事では、計画された舗装道路の幅のうち、両脇一ペー(一フィート、約三〇センチ)は舗装しなかった。その分をうちは請求するけど、工事費はもらえない。理由は、まあ、兄さんなら言わなくてもわかるだろ。でも、いまは変わったね。計画通りに端から端まで舗装するよ。

たった両脇一ペーの道幅かもしれないが、道路全体が舗装されるようになって、不透明な公金の流れが変わっていった。民主的な監視の効くガバナンスが機能して、賄賂の慣習を変えたのである。もちろん、各地で同じことが起きているとは思わないが、こうした漸進的な進歩が民主主義の定着には必要だろう。「一ペーの民主化」である。

一方で、官僚、実業家、ジャーナリストといったエリートたちの口からは、スーチーに失望する声が多く聞かれた。国際社会も同様に、彼女に対する批判が強くなり、政権発足時の熱狂はあっという間に冷めてしまった。

では、彼女の政権はひとびとの期待にどの程度応えられたのか。限界はどこにあったのか。のちにクーデターにまでいたる軍との関係はどういったものだったのか。本章ではスーチー政権の誕生から政変直前までをみていく。

1　政権交代の現実

二〇一五年総選挙

まず、スーチー政権誕生の経緯である。

二〇一五年一一月八日、上院と下院からなる二院制の連邦議会のうち、軍最高司令官が指名する議席を除いた四分の三の議席が改選された。選挙結果は、NLDの大勝だった。上院で争われた一六八選挙区のうち一三五(八〇・四％)、下院では三二三選挙区のうち二五五(七八・九％)の選挙区でNLDが議席を獲得した。選挙なしに議席を得る軍代表議員の数を加えても単独過半数となる数である。他方で与党・連邦団結発展党(USDP)は惨敗だった。上院で一一、下院で三〇と、改選前の両院合計三四二議席から大幅に議席を減らす。絵に描いたような与野党逆転劇である。

なぜNLDが勝ったのか。勝因を五つ挙げよう。

まず、スーチーの人気だ。軍事政権時代には、軍がスーチーに対するネガティブ・キャンペーンに手を尽くしてきたが、まったくといっていいほど効果がなく、彼女の人気は絶大だった。筆者は数人のNLD候補者の選挙活動を直に観察したが、有権者に訴えかけられたのは、もっぱらスーチーの名前（父親のアウンサン将軍の名も使われる）とＮＬＤという党名である。誰が候補者かは重要ではなかった。

第二に、党組織としてのＮＬＤの活性化があった。二〇一二年の補欠選挙に参加して以来、長く停滞していた党の組織化が進んだ。補欠選挙の翌年には党員は二〇万人、党支部もすべての県・郡に設置された。ほぼすべての選挙区で立候補者を擁立し、六〇日間の選挙運動期間中に、農村部でも集票活動を広く展開した。市民の熱狂に支えられた運動だったといえる。

第三に、対抗するＵＳＤＰが組織的に脆弱だった。テインセインは政界からの引退を決意し、新たなリーダーシップが必要ななかで、党幹部の対立が表面化した。なかでも、党首で下院議長だったトゥラ・シュエマンがテインセインに近かった議員を冷遇し、スーチーに接近したことで、ＵＳＤＰ内に反発が広がった。結局、シュエマンは党議長から解任される。選挙運動もさまざまな利益供与で人気取りに励んではいたが、ＮＬＤのような熱狂はなかった。

第四に、選挙制度もＮＬＤの追い風となる。単純小選挙区制度では二位以下は票数にかかわらず落選となるため、死票が多くなって、その分、勝利政党が得票率を上回る議席占有率を得る。二〇一五年総選挙の場合、ＮＬＤの得票率は下院、上院それぞれで五七・二％、五七・七％だったのに対して、獲得議席数は約八割だった。他方で、ＵＳＤＰの得票率は二八・三％、二八・四％と、獲得議席数の割合（九・三％、六・六％）よりずっと高い。

第五に、少数民族政党の伸び悩みである。選挙戦は事実上、NLDとUSDPの一騎打ちとなった。少数民族が多数派を占める州では両党ともに苦戦するのではないかという予想もあったが、シャン民族民主連盟(SNLD)とアラカン民族党(ANP)を除く少数民族政党が獲得した議席数はほんのわずかだった。

勝利の翌日、スーチーは党本部の上階から支持者に演説をした。「敗れたものは勇気をもって道をゆずるべきだし、他方で勝者はおごることなくその勝利を祝うべきでしょう。それこそが真の民主主義です」。説法めいた、いつものスーチー節だったが、そのあと、敗者に敬意を払うよう呼びかけていた。NLDは一九九〇年に総選挙での勝利を軍によって反故にされた経験を持つ。何かと理由を付けて、また軍が政権移譲を妨害するかもしれない。スーチーはじめ、NLD関係者の多くに政権移譲が実現するのかどうか不安があったのも無理のないことだろう。

スーチーは慎重にことを進めた。選挙の翌月である一二月にはタンシュエと二一年ぶりに会談し、ミンアウンフラインとは、同じ一二月と、翌年の一月、二月と三度にわたって会談している。会談の詳しい内容はわかっていないものの、スーチーは憲法第五九条(f)の改正について理解を求めたといわれる。

第五九条(f)は大統領資格を定めた条項である。配偶者や子供が外国籍である者に大統領資格を認めないことが定められている。スーチーは同条項の改正を過去にテインセインにも求め、拒絶されていた。選挙で民意を味方につけて、ミンアウンフラインにも同様のことを求めたのだろう。しかし、実現することはなかった。一方でミンアウンフラインは、自身の退役年齢を五年間、すなわち議会一期分延長し、ＮＬＤ政権と直接対峙する準備を整えた。

国家顧問という裏技

政権発足の直前まで、いったい誰が大統領になるのかもわからず、さまざまな憶測が飛び交った。最終的に、ＮＬＤの推薦候補となり、連邦議員による投票で大統領に選出されたのは、スーチーよりも一歳若く、党内でも目立った活動実績のないティンチョーだった。

ティンチョーは著名な作家ミントゥーウン（一九九〇年の選挙ではＮＬＤから立候補して当選）を父に持ち、自身は一九九二年に公務員を辞めて入党。政治囚として投獄された経験もある。妻のスースールウィンはＮＬＤ所属の下院議員である。幼いころからスーチーとは家族ぐるみで付き合いがあって、ティンチョーがスーチーの母親の名を冠したドー・キンチー財団で役員を務めていたことも、彼に対するスーチーの信頼が篤いことを示すのだろう。

この人事ではっきりしたのは、たとえ大統領になれずとも、スーチーが自身で統治するということだった。選挙前の記者会見でスーチーは、「大統領資格がないが政権を獲得したらどうするのか」という質問に「大統領の上になるわ」と答えている。

大統領選出後の組閣でスーチーは、外務大臣と大統領府付大臣の兼務となったが(当初は四つの大臣ポストを兼務すると発表され、のちに二つのポストに別の人物を任命)、これでは最高指導者にはならない。そこでNLDが繰り出した方策が、国家顧問ポストの設置だった。

連邦議会の冒頭にNLDが提出した「国家顧問法案」は、スーチーを「大統領よりも上」にするための手段である。この法案では、国家顧問に憲法に違反しない範囲内で政府への助言を与える権限を認めている。助言の目的は、(a)複数政党制民主主義の促進、(b)市場経済制度の堅持、(c)連邦国家の建設、(d)連邦の平和と発展、と非常に広範で、しかも、助言がいったい何を意味するのかが明確ではない。第四条にはスーチーを任命することが明記されていて、彼女のためだけに起草された法案であることははっきりしていた。NLDは、同法案が憲法第二一七条で認められている大統領の行政権の一部付与にあたるので違憲ではないという。

当然予想できることだが、この法案に軍は猛烈に反対した。広範に認められた助言の目的が執政府と立法府との分離という憲法上の原則に反すると主張した。憲法を素直に読む限りはもっともな主張なのだが、NLDはその過半数の力で同法案を可決に持ち込む。軍代表議員たちは投票をボイコットし、議場で起立して反対の意思を示した。

こうして、スーチーは国家顧問となり、実質的な国家元首として執務することになった。補佐機関として国家顧問省も新設された。民主化の進展だと歓迎した諸外国も、彼女を国の最高指導者として扱った。

　他方、軍にとって国家顧問ポストの設置が脅威に映ったことはいうまでもない。こうしたことが繰り返されると、憲法改正に実質的な拒否権を持つ軍の権限の意味がなくなってしまう。初っ端からスーチーはレッドラインを踏み越えたのだ。

　その代償は暴力だった。犠牲となったのは、国家顧問法案の起草を党内で指揮したコーニーである。コーニーは、インド系ムスリムの弁護士で、長年スーチーの法律顧問を務めたあと、二〇一三年にNLDの党員になっていた。党内でも急進派で、二〇〇八年憲法の廃止と、NLDによる新憲法の起草を主張していた。軍のガーディアンシップを真っ向から否定する考え方だ。その彼が草案をつくり、議会に提出したのが、国家顧問法案だった。

　二〇一七年一月二九日、インドネシアのマルク諸島への出張から帰国したコーニーは、ヤンゴン国際空港で家族に出迎えられ、車に乗り込むところを背後から銃で撃たれる。後頭部に銃弾を受けての即死だった。実行犯は直後に逮捕され、手引きをした人物ものちにタイ国境で警察に捕らえられた。元将校だった。さらに三名の元将校が計画にかかわっていたとされる。この事件を、軍が組織的に仕組んだ報復であり脅しだと認識していないNLD関係者は、まずいない。

カリスマがまとめる政府と議会

このように、スーチー政権は出だしから軍に挑戦的で、その姿勢は組閣にもあらわれた。閣僚ポストが軍人たちの利権になっていたとし、閣僚数を大幅に削減する。三六あった大臣ポストが二一になる(発足直後に国家顧問相が新設されて二二)。

そのうえで、閣僚には実務経験者や有識者を登用した。現役軍人の閣僚三人を除く一九人のうち、官僚が七人、有識者三人、実務経験者五人(前職の大臣二人を含む、就任直後にUSDPから離党)、少数民族政党関係者ひとりだった。国家顧問相に就任したチョーティンスエは、元国連大使を務めた外交官で、以後、スーチーの最側近として政権を支える。

NLD幹部が就任したのは、議会の要職と、管区と州のトップである管区首相、州首相だった。下院議長には長く党の要職をつとめ、党員からの信頼も篤いウィンミンが就任した。ウィンミンは、二〇一八年にティンチョーに代わって大統領となる。大統領が任命する地方の首相は全員がNLDに所属して、うち八人は党幹部だった。連邦政府、地方政府、そして党が、彼女の強いリーダーシップで統合されていた。

こうした統合には負の側面もあった。政権交代後にはありがちだが、イデオロギーが先行して実務が滞った。前述の閣僚数の削減も、実務的な配慮が欠けていた。たしかに閣僚ポストが軍幹部の「天下り」先として利権になっていた面はあったが、ミャンマーの行政実務はトップ

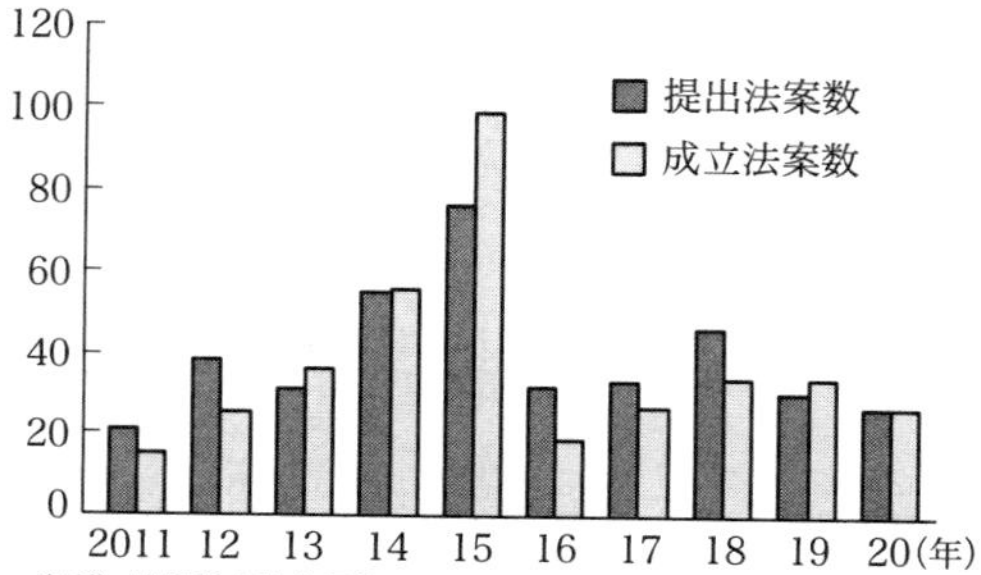

出所）連邦議会議事録等から作成

図表4－1　連邦議会提出・成立法案数の推移

ダウン型で、大臣、副大臣の決定がまず必要となる。そのトップの数が減ると意思決定は遅くなる。しかも、就任した大臣の多くは経験が乏しく、ときにスーチーに意思決定を委ねることがあったため、実務がますます遅滞することになった。

ひとつの参考として議会での立法数をみてみよう。ミャンマーの立法の大半は政府提出法案で、各省内で起草される。政府の意思決定のスピードを比較するヒントにはなる。図表4－1は各年の連邦議会の提出法案数と成立法案数を示している。テインセイン政権期は手探りで立法作業がはじまったこともあり、初期は遅滞したが、そこから年ごとに成立数が増えている。他方、スーチー政権下では政権移行後の低調さはまだ仕方ないにしても、その後も法案数、成立数ともに低迷していたことがわかる。

政権が目指したもの

スーチー政権の公約は大きく三つあった。少数民族武装勢力との和平、より民主的なものとする憲法改正、そして国民の生活状況の改善を目指した経済開発、である。それぞれどこまで実現できたのか、以下で検討していこう。

(1) 少数民族武装勢力との和平

まず、和平交渉からみたい。和平に対するスーチーの思い入れは強かった。だが、それを実現するための新しいアイデアはなく、テインセインが目指した全国停戦合意(NCA)の協議を実質的には引き継いだ。「連邦和平会議—二一世紀パンロン」と停戦交渉会合の名称を変えて、その最初の会議を二〇一六年八月に開催した。

会議名に含まれるパンロンとは、シャン州南部にある町の名前で、まだ英国からの独立交渉中だった一九四七年二月、この地でアウンサンを中心に独立を目指す勢力が、シャン、カチン、チン(当時、間接統治が敷かれていた「辺境地域」)の領主たちと、話し合いの場を持った。連邦制のもと英領ビルマ州全域での独立を目指すアウンサンと、多数派民族の優位を警戒する少数民族勢力との間の交渉は難航したが、最終的には、独立後の少数民族地域の権利を保障することなどを条件に、連邦国家として独立することが合意される(パンロン合意)。独立後、パンロン合意は、民族統合とアウンサンの指導力の象徴になっていた。スーチーはアウンサンの娘である。父の威光も借りて、民主的な政権のもとで停戦交渉を前に進めるつもりだった。

当初は半年ごとの開催が見込まれていたが、第一回会合のあと、二〇一七年に一度、二〇一八年に一度、二〇二〇年に一度開催されただけであった。二〇一八年に二つの少数民族武装勢力が停戦協定に署名したが、いずれも小勢力で、わずかな前進でしかなかった。前政権で停戦に合意した組織との協議も遅滞したことを考え合わせれば、停戦交渉は後退といってよい。

原因は主にふたつある。ひとつは、実働部隊の弱さである。テインセイン政権期の和平交渉を支えたのは、前章でも触れたように、ミャンマー和平センター(MPC)のスタッフたちだった。スーチーはMPCのスタッフたちとの契約を解除した。センターの名称も国民和解和平センター(NRPC)に変更し、その実質的なとりまとめ役に、スーチーの主治医であったティンミョーウィンを任命した。スーチーからの信頼はあっても、和平交渉の経験もなく、支援するスタッフも少ないなかで、主治医にはあまりにも荷が重い職責だった。

もうひとつの原因は、軍が態度を硬化させたからである。すでに合意されたはずの停戦文書になかった「分離独立の不承認」と「単一の軍隊」という、武装勢力側が反発するような文言を政治対話の議題に加えることを軍が提案したために、協議は停滞した。また、カイン州の停戦地域で軍が道路を建設するなど、停戦条件違反となる行為もみられた。第三回会合では、ミンアウンフラインが停戦を急ぐべきだと責任転嫁するような演説をして出席者から不興を買う。

さらには軍が独自の和平交渉チームを組織し、新型コロナ禍で移動や大規模な会合が難しくなると、協議は完全に行き詰まってしまった。

（2）憲法改正

憲法改正については、NLD内に当初から諦めムードがあった。軍が認めるはずがないと考えられていたからだ。議会で公式に憲法改正を検討する委員会が設置されたのが二〇一九年二月のこと。政権発足から三年になろうとしていた。軍代表議員も含む議員四五名からなる憲法改正検討委員会が設置され、委員会内の検討と関係機関との協議を経て、一一四の修正案を同委員会が決定し、連邦議会に法案として提出したのが、二〇二〇年一月である。

委員会には、軍の代表も参加していたが、彼らは委員会の場ではほとんど発言しなかった。委員会に代わって、保守系野党とともに独自の憲法改正法案を議員立法として議会に提出した。委員会をないがしろにするサボタージュといえる。この軍代表議員の態度をみれば、法案が成立しないことはみえていた。それでもNLDが手続きを進めたのは、二〇二〇年の選挙を見越してのことだろう。公約である以上、提案したうえで、議会で軍が否決したというかたちを、最低限つくる必要があったのだ。

法案は連邦議会での審議のあと、三月に議会内で投票が行われ、一一四の修正点のうち一一〇が軍代表議員を中心とする反対によって否決された。可決された四つはほぼ用語の変更についてで、まったく重要なものではなかったため、国民投票は無期延期となる。

(3) 経済開発

スーチー政権でも進んだのは経済開発である。ただし、それもまた、政権の新しい政策によるものというよりも、テインセイン政権の改革路線を引き継ぐことで生まれた。

前政権の成果がではじめたのがこの頃だった。新投資法(二〇一六)と新会社法(二〇一七)の施行で、海外投資の利便性や出資比率を高め、外資の参入分野が拡大した。新投資法は世界銀行、新会社法はアジア開発銀行が改定作業を支援して、前政権期から準備されていた。他にも、日本の国際協力機構(JICA)の支援で「ミャンマー投資促進計画」が策定された。

こうした改革路線の継続を支えたのは、実務能力の高い政権幹部の存在である。二〇一八年には、外交官でスーチーの側近であったタウントゥンが投資委員会委員長に就任し、財務大臣にはデロイト系会計事務所の幹部であったソーウィン、同省副大臣に元中央銀行副総裁のセッアウンと、財務・計画省事務次官出身のマウンマウンウィンが就任して脇を固め、さらに、世界銀行での勤務経験もあるミンイェパインヘインを工業省副大臣に抜擢した。その後、財務・計画省と工業省が統合されて、主要な経済官庁の意思決定のラインが整えられ、国営企業改革など、あらたな動きをみせようとしていた。

実体経済も悪くなかった。二〇一六年から二〇一九年までの平均的な経済成長率は六・三％である(ＩＭＦ)。テインセイン期の平均経済成長率は七・一％で、若干劣る程度だ。ミャンマー経済を専門とする工藤年博は、この低下を「急成長の自然な調整」だと評価する。実際、外国直接投資、政府開発援助、海外からの送金、いずれも年平均(新型コロナ禍の時期を除く)は、テインセイン政権期よりも上昇しており、飛び抜けた高成長ではないが、堅調な伸びだった。

開発や成長の恩恵が農村部に到達したのはスーチー政権下でのことである。世界銀行が発表している農村部の電化率(農村人口のうち電気にアクセスできる人口の割合)は、二〇一六年に三九・八％だったものが、二〇一九年には五七・五％に改善している。基地局の拡大で携帯電話の利用者も増え、二〇一七年に一四〇〇万人だったインターネット利用者数が、二〇二〇年には二二〇〇万人に増加した。貧困削減も進み、一日あたり一・二五ドル以下で暮らすひとびとの割合を示した貧困率は、二〇一五年の三二・一％から二〇一七年には二四・八％に低下した(その後、新型コロナ禍でやや悪化する)。

和平と憲法改正の行き詰まり、そして後述するロヒンギャ問題での国際的非難で、柱とした三つの公約のうち二つで成果が出そうにないなか、経済開発にスーチーが軸足を移したのは合理的な判断だろう。経済政策では軍との調整が必要なく、東アジアからの投資と援助で支えられたミャンマー経済には、欧米諸国や人権団体からの批判の影響は限定的だったからだ。

だが、それにも限界があった。既存の権益を侵さない範囲で改革が進んだため、軍系企業や財閥が支配的な経済構造は温存された。軍系企業グループのひとつであるミャンマー経済公社(MEC)は、二〇一七年にベトナムの軍系通信会社であるベトテルと合弁でマイテルを設立して通信業に参入している。クローニーとしばしば批判された財閥も、その支配的な地位に変化はなかった。シャン州やカチン州でのアヘン生産、また、一部の武装勢力が行っている合成麻薬の生産・密輸といった闇経済も縮小する気配はなかった。

草の根の民主化

スーチー政権への評価はさまざまあるが、そもそもスーチーに対する周囲の期待が高すぎた。スーチー自身、自らへの期待も高すぎたのだろう。民主化のユーフォリア(多幸感)である。国際援助の世界では、どの国でも政治経済体制が自由民主主義と市場経済に近づく(べき)という前提を「移行パラダイム」と呼ぶことがあるが、ミャンマーの改革に対する世界の反応は、そうした冷戦後のパラダイムがいまも健在であることを感じさせた。

冷静に考えれば、約五〇年間軍事政権が続いた国が、そう簡単に変わるはずはない。変化は多くの場合は緩やかで、進歩と後退を繰り返す。本章冒頭で触れた「一ペーの民主化」は、その緩やかな進歩の一例である。草の根レベルでみれば、他にもよい変化があった。

連邦議会の閉会期間に議員が選挙区に戻って住民と接点を持つことが増え、NLDの政党事務所に住民が相談に訪れるようになった。農村部の村長や町の区長が世帯ごとの投票で選出されるようになったのは、スーチー政権下での町区村落区行政法の改正による。その結果、NLDを支持する区長や村長が数多く生まれた。農民たちや労働者、学生運動に対して、警察が暴力で鎮圧することも、前政権に比べて格段に減った。

量的な調査として参考になるのは、アジア広域で世論調査を行っている「アジア・バロメーター」(Asian Barometer Survey)の調査結果である。そのなかに、「自由はあると思うか」という質問項目がある。二〇一九年の回答は、結社の自由について「強く同意する」「ある程度同意する」が合わせて七四%、「言論の自由」は七〇%で、二〇一五年からそれぞれ三ポイントと六ポイント上昇した。より顕著に変化があらわれたのは、政治制度(裁判所、警察、政党、議会、軍隊、連邦政府、公務員、地方政府、大統領、地方行政)への信頼度だ。二〇一五年は大統領を除くすべての制度の信頼度が五〇%を下回っていたのに対して、二〇一九年では過半数の項目で信頼度は七〇%を超えている。大統領と行政に対しては七八%が信頼すると回答し、警察や軍隊すら信頼度が上昇していた。

素直に受けとれば、社会の政府に対する不信がかなり解消したことになる。ただ、この結果が危うく感じられるのは、政府の信頼が、政権の実績よりも指導者への信奉に支えられているようにみえることだ。ひとびとはその実績とは必ずしも関係なくスーチーを支持し、一方で、軍や保守勢力は、スーチーの政権運営能力に不満を募らせていった。このギャップがクーデターの遠因になる。スーチーと軍との攻防を次節でみていこう。

2 ボスとカリスマの攻防

ミンアウンフライン

攻防の一方の当事者ミンアウンフラインとはどういう人物なのだろうか。本人がその生い立ちについて語ったのは、二〇二〇年一〇月のテレビ・インタビューが最初だった。

一九五六年生まれ。生まれた場所はマグエ管区の小さな町ミンブーである。父親は、南部のタニンダーリー管区の中心の町ダウェー出身で、ミンブーの学校の美術教員だった。五歳までミンブーで育ち、その後、第二の都市マンダレーへ引っ越し、小・中学校に通う。父はマンダレー教員養成学校で美術を教えていたというから、社会階級としては中産階級とみなせる。貧困国の中産階級は層が薄いので、社会全体でみれば恵まれた家庭だったものと思われる。一九六七年、一二歳のときにヤンゴンに引っ越す。父親が建設省本省に転属したためだ。

一九七二年にヤンゴン大学法学科に入学した。当時の大学入試制度は共通試験の成績で上位から医学校や工科大学、総合大学の理科系に割り振られるもので、受験生の意思と関係なく入学する学科が決まった。ヤンゴン大学法学科に合格ということは、トップクラスではないにしても、学業成績はよかったはずである。

翌年、ミンアウンフラインは士官学校（DSA）に願書を出したという。その理由はわかっていない。ヤンゴン大学に一年半だけ通って中退し、ミャンマー中部のピンウールウィンにあるDSAに一五期生として入学した。DSA卒業後、当時の第一シャン・ライフル大隊に少尉として配属となり、ヤンゴンの北にあるモービーの駐屯地で七年半を過ごす。

ミンアウンフライン

ミャンマー軍の士官たちの間では、最初に配属された部隊を「親部隊」（ミーキンタッ）と呼ぶ習慣がある。インタビューのなかで、自身の親部隊出身者には、のちに軍幹部、政府幹部になった先輩たちが多くいると、具体的な人名を挙げてミンアウンフラインは誇らしげに語っている。そのひとりがテインセインである。第一シャン・ライフル大隊には入れ違いで所属していた。

その後、ミンアウンフラインは同期の出世頭として順調に昇進し、軍管区副司令官時代には地方の平和発展評議会（PDC）の議長として行政経験も積んだ。二〇〇四年には西部軍管区司令官に就任する。西部軍管区はバングラデシュと接するラカイン州を統括する重要な地域だ。次いで、シャン州東部でタイ、ラオスと国境を接する三角地帯軍管区司令官を務めたのち、第二特別作戦室司令官へと昇進した。その後、わずかの期間だがトゥラ・シュエマンの後任として三軍統合参謀長となり、二〇一一年三月、八代目の軍最高司令官に就任した。

新しい軍隊

同じインタビューでミンアウンフラインは、軍の近代化について長々と語った。軍装備の近代化が自分の任務だという。戦闘機の発展を比喩として、今は世界的には第五世代だが、自分の力で軍備を第四世代までアップグレードしたいという。「過去三〇年、四〇年と努力してきたが」と、先人たちに気を遣いつつも、軍備の不十分さを指摘し、陸軍だけでなく、空・海軍の発展を目指すと語った。現行の国防費を考えれば到底不可能な目標で、軍備の近代化に対する意識が高いことはわかるが、現実的判断よりも野心が先走った目標であった。

国際標準への意識は、軍の公式文書にも反映されていく。二〇一五年にミャンマー軍ははじめて防衛白書を発表し、そのなかには、国家防衛政策の原則として六点が挙げられている。①

連邦の維持、国民団結の維持、主権の維持からなる「三つの大義」、②国民と国内資源を利用した軍中心の人民戦争の採用、③外国勢力の侵攻・介入の阻止、④「平和的共存五原則」にもとづいた友好外交、⑤軍事同盟および外国軍の基地設置の禁止、⑥非伝統的安全保障問題と対テロ対策のための国際協力、である。このうち、①から⑤は以前からあった原則だが、⑥にある非伝統的安全保障問題（軍事に限らない国家への脅威）や国際協力への言及は、孤立主義的なミャンマー軍では乏しかった発想である。

諸外国も改革の後押しのために軍と交流をはかり、能力向上を目的とした初歩的な防衛交流がはじまった。米国、英国、オーストラリア、日本がその相手国となった。ただし、ミンアウンフラインが国際標準を意識していたといっても、それはあくまで軍事の話である。文民統制のような、政治との関係は彼の頭のなかの国際標準には含まれていない。軍は憲法を護る義務を負うのだと語り、そのガーディアンシップを変える様子はまったくうかがえなかった。

饒舌な司令官

前任のタンシュエは寡黙だった。二〇年以上最高権力者の地位にありながら、話すのは軍人に向けた訓示ばかりで、国民に向けた言葉をほとんど発することなく、自身の神格化にも興味を示さなかった。世界で最も目立たない独裁者のひとりだったかもしれない。

一方で、ミンアウンフラインはよくしゃべる。二〇一七年八月にロヒンギャ危機が発生するまでは、外国メディアのインタビューにも答えていたし、訪問する外国要人とも頻繁に会い、外遊にも積極的だった。

ミンアウンフラインの自己像についてはフェイスブック・アカウントが参考になる。図表4-2は、同司令官のアカウントが二〇一三年一一月二八日に開設されてから、二〇一七年九月三〇日までに掲載されたものの内容を分類したものである。国内訪問と、海外来賓との会合、演習を含んだ軍のイベント、海外訪問といったものが主であった。

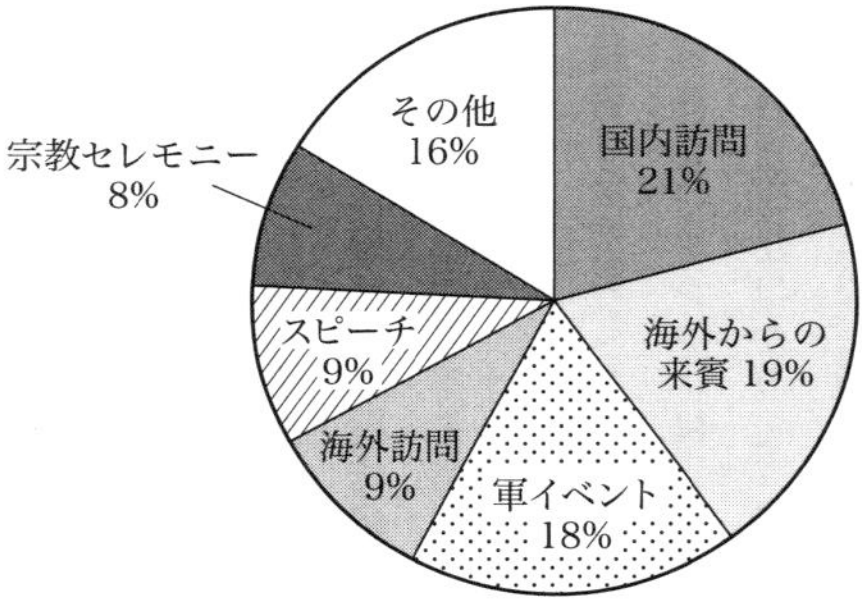

出所）中西(2020), p. 133

図表4-2 ミンアウンフラインのフェイスブック・ポスト(2013年11月-2017年9月)

二〇一七年九月末時点での各ポストに対する「いいね」の数を集計したところ、最も多かったのは、二〇一六年七月一九日殉難者の日のアウンサン廟での式典の様子である(「いいね」の数は四万三〇〇〇)。二番目に多かったのは、二〇一六年九月に実施された陸軍と空軍の合同演習に関するポストで、約四万の「いいね」が記録されている。ちなみに、軍事演習の様子が写真や動画付きで公開されることはこれまでなかったため、

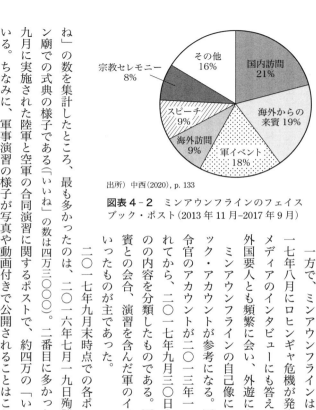

貴重なものだ。三番目に反応を集めたのが二〇一六年一一月、軍最高司令官夫妻が陸海空三軍の関係者とともに、マンダレーにある僧院（マソーニェイン院）に寄進したというポストである（三万一八〇〇の「いいね」）。

それぞれのポストが、ナショナリズム、軍事、仏教にかかわるもので、いずれも軍の組織的なアイデンティティとつながっている。なお、フォロワーについては、軍が組織的に作成した、いわゆるフェイクアカウントが多数含まれていて、「いいね」の数は一般ユーザーの支持というよりも、最高司令官が国民に見せたい自己像と理解すべきだろう（中西 2020a）。

二〇一八年八月二八日、フェイスブック社はミャンマーでのヘイトスピーチ対策強化のために、ミンアウンフラインのアカウントを含めた一八のミャンマー軍関係のアカウントと五二のページを削除している。それらは約一二〇〇万人のユーザーにフォローされていたという。フェイクアカウントなしには説明できない数字である。

続くスーチーの挑戦

最高司令官に就任して以来、軍改革を進めて自信を深めていったミンアウンフラインに、スーチーは挑戦を続けた。といっても、スーチーを支える国民の支持は、それだけでは軍の実力行使を抑え込むには十分ではない。軍は民意をだいたい二通りの見方で理解する。感情的な振る舞いか、欧米の介入かだ。愚民観と陰謀論と言い換えてもよいが、こうした見方が続く限り、いかに選挙で勝っても軍が政治に関与しなくなることは期待できない。

そんな軍と、非暴力闘争を信念とする勢力との権力争いなのだから、軍が実力を行使すればいつでも勝つことができる。もちろんそんなことは民主化勢力が一番知っている。スーチーは合計で一五年にわたって軟禁され、議員の多くには投獄歴がある。つまり、軍による実力行使の被害者にほかならないのだ。この非対称的な力関係のなかで、軍の最終手段の行使を抑止しながら軍中心の体制を変えるという難しい課題にスーチーは挑んでいた。

ここでは三つの挑戦の事例を挙げておこう。

まず、国防治安評議会(NDSC)である。前章でも触れたが、NDSCは、軍のガーディアンシップを保障する制度のひとつだ。一一人の構成員のうち六人は現役・退役軍人か軍関係者である。憲法上で与えられた権限は広範にわたり、たとえば、外交関係の断絶(第二〇六条)、侵略に対する軍事行動時の協議(第二一三条)、国民総動員時の同意(第三四〇条)、新たな軍最高司令官の提案と承認(第三四二条)、非常事態宣言発令のための協議(第四一〇条、第四一二条、第四一七条)といったものだ。そうした重大な決定のためだけでなくとも、テインセイン政権期には、安全保障関連の情報共有と協議のために定期的に同評議会の会合が開催されていた。スーチーはしかし、このNDSCを開催しなかった。スーチーは軍と接触をしないことで、軍の介入の機会を減らし、政権運営の主導権を握ろうとしたわけである。ただ弊害として「二つの政府」があるといわれるほど、両者の間のコミュニケーションは欠けた。

第二は内務省への介入である。二〇一八年末、内務省下で地方行政を担う総務局（GAD）を現役軍人が大臣を務める内務省から、新設した連邦政府省に移管し、関係者を驚かせた。GADは警察とともに内務省の一翼を担う組織で、約四万人の人員を抱え、地方では各省出先機関を統括し、住民に対しても強い影響力を持っていた。軍事政権時代の統治を支える機構であり、軍将校が最も多く転出してきた組織でもある。このGADを、文民政府側に閣議決定だけで移管したのである。

第三は国防省予算である。国防省予算は通常の法律同様に委員会と議会で審議され、多数決で可決される。つまり、スーチー政権下では、予算審議過程はNLDの手の内にある。図表4－3に国防省の予算を示している。これらすべてが防衛に用いられる予算ではないが、主要な装備品の調達費用は含まれるといわれ、おおよその傾向はつかめる。

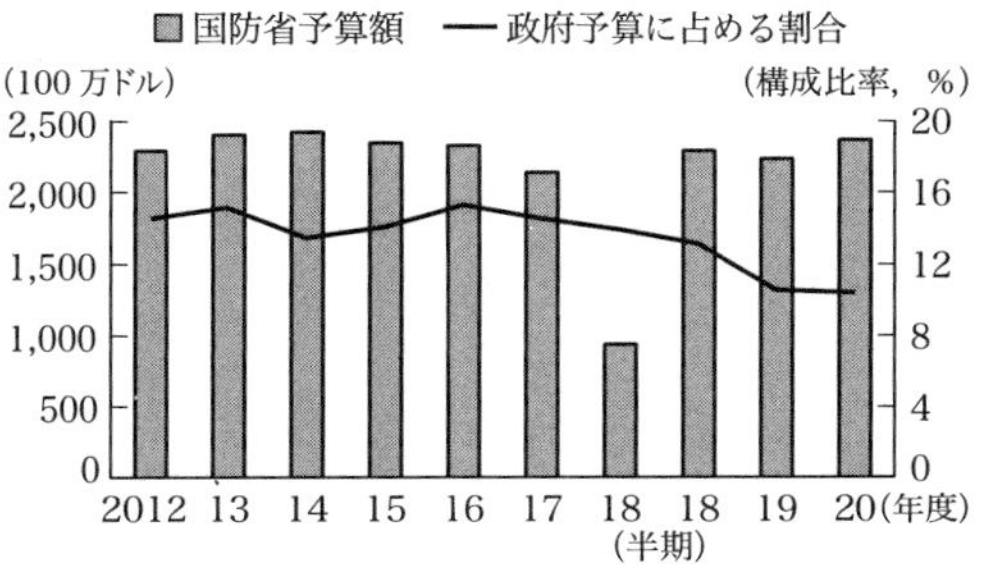

出所）各年度予算より作成

図表4－3　国防省予算

全省予算に占める国防省予算の絶対額はほぼ横ばいで推移し、二〇二〇年度に幾分か上昇していることがわかる。割合をみると、二〇一一年に全予算の一四・五％だった国防省予算は、二〇二〇年には一〇・三％にまで低下した。一方で教育省予算の割合は、二〇一七年度の五・九％から二〇二〇年度には一三・九％に伸び、経済関連省庁の予算の割合も大きく拡大していた。軍が優先的に予算を配分される仕組みが少しずつ変わりつつあったのである。

3　困難になる共存

政権内で両勢力は微妙なバランスのもとでだましだまし共存していた。ところが、スーチー政権後半になると、そのバランスが崩れるような出来事が続く。

ラカイン州の失敗

軍はスーチー政権に不信を強めていった。その最も大きな理由のひとつは、軍と少数民族武装勢力との衝突の増加である。

まず、ロヒンギャ危機があった。二〇一七年八月二五日、ラカイン州北部で紛争が勃発する。長く迫害されてきたロヒンギャの解放を目指す武装勢力であるロヒンギャ救世軍（ＡＲＳＡ）が、

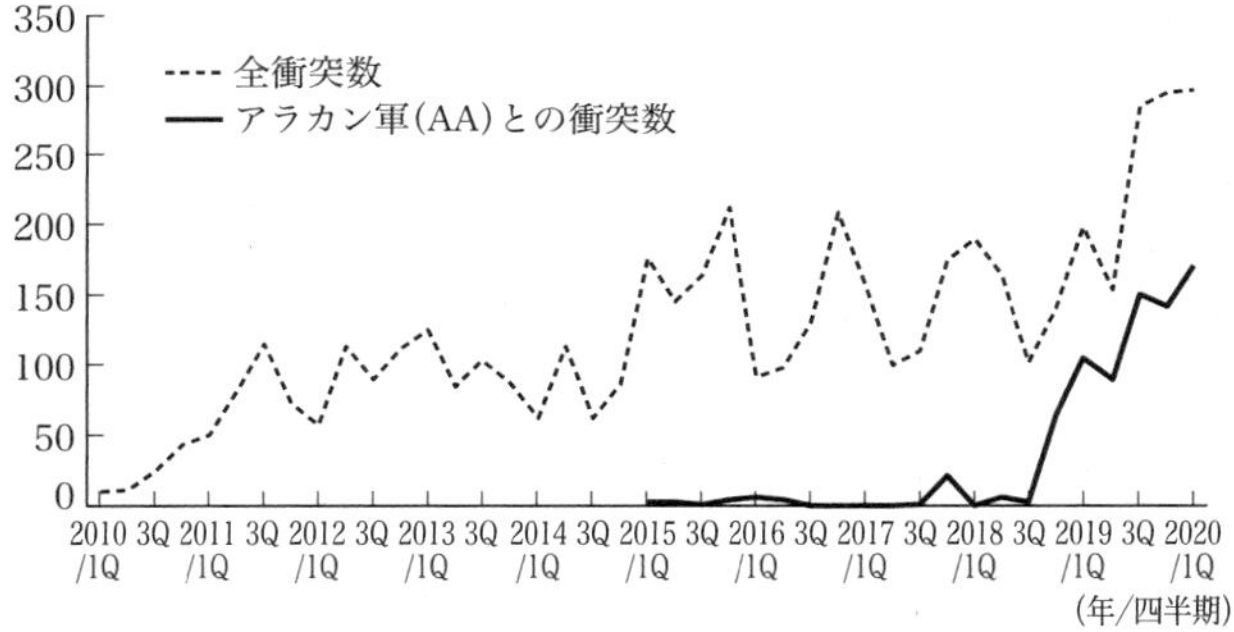

出所) The Armed Conflict Location & Event Data Project のデータベースから筆者作成

図表4-4 武力衝突数(2010—2020年第1四半期)

軍・警察施設を襲撃した。襲撃に際してARSAは、戦略的に地元住民を巻き込み、長年の差別に耐えかねたひとびとも襲撃に加わったため、民衆蜂起になっていった(中西 2021)。

襲撃の対象となった軍・警察施設は三〇を超える。この規模でほぼ同時に襲撃を受けた経験は軍にはなかった。即座に応戦して掃討作戦がはじまる。武力衝突が各地で勃発。民間人にも多数の死者が発生し、六〇万人から七〇万人の難民が隣国バングラデシュに流出した。

これだけではなく、ラカイン州全体が不安定化した。図表4-4は、二〇一〇年から二〇二〇年のはじめまでのミャンマー全土での武力衝突数を示している。テインセイン政権の終盤にあたる二〇一五年から増え、その後、スーチー政権下では二〇一九年の後半から急激に増加したことがわかるだろう。

急増の原因はアラカン軍(AA)との戦闘の増加だ。ちなみに「アラカン」とは現在のラカイン州の西岸の英語呼称で、ポルトガル語の「アラカオ」から変化したものだと言われている。このラカイン州の北部にある町ムラウーを中心に、かつて王朝が海上交易で栄えた。その王朝がビルマ人の王朝であったコンバウン朝に滅ぼされたのが一八世紀後半のことである。ムラウー朝の滅亡と征服の歴史、そして、ビルマ人中心の国家の周辺で最貧地域のひとつとなった屈辱があって、ラカイン人はビルマ人への強い対抗意識を持つことで知られる。

AAが結成されたのは二〇〇九年と比較的新しい。生まれた場所は、ラカイン州ではなく、北部のカチン州の中国国境の町ライザである。指導者はトゥンミャッナイン(ラカイン語ではトゥワンムラナイン)。彼はラカイン州の州都であるシットゥエで生まれ、地元の大学を卒業後に英語の教員やツアーガイドをやっていた。ラカイン人で外科医のニョートゥンアウン(ニョートゥワンアウン)と出会ったことで政治運動に目覚め、カチン州の翡翠鉱山などに出稼ぎにきていたラカイン人の若者たちとともに、ライザでAAを結成した。

結成といっても、二〇一七年までは兵力数百人の小規模な集団に過ぎなかった。ライザとラカイン州は遠く、存在はしても目立つ活動はなかった。この間、AAを庇護し、組織を育てたのは、カチン独立機構(KIO)やミャンマー民族民主同盟軍(MNDAA)、ワ州連合軍(UWSA)といった武装勢力である。

軍とはじめて交戦したのが二〇一五年三月。ラカイン州の北にあるチン州でのことだった。直後にラカイン州北部でAAは軍の施設を攻撃し、その占拠に成功した。その後も、主に軍・警察施設への襲撃を続けると、AAは急速にラカイン人の支持を集めていった。背景には、ラカイン州でのスーチー政権に対する反発や、高まった民族ナショナリズムの高揚がある。支持が増えれば、兵員も増えて寄付金が集まる。二〇一八年には兵力約八〇〇〇人まで組織が拡大した。他の武装勢力の支援で装備も練度もあがった。

AAの目的は、短期的にはラカイン州の自治権拡大である。だが、祖国の解放を訴えるトゥンミャッナインは将来の独立まで見据えている。二〇一七年には「アラカンの夢」をスローガンにしてソーシャル・メディアでの広報活動を活発化させており、軍には連邦を分裂させる脅威にみえただろう。二〇二〇年三月にAAは「テロリスト団体」に指定された。

二〇二〇年選挙前にはAAがNLDの候補者三人を拘束する事件が発生し、選挙管理委員会はラカイン州北部での選挙の延期を決定した。ラカイン州北部はラカイン人を主体とする少数民族政党(二〇二〇年選挙に参加したのはラカイン民族党)が強く、NLDが勝てる見込みの薄い地域であったため、政権が意図的に選挙の実施を延期させたのではないかという疑念の声が上がった。

要するに、スーチー政権下でラカイン州の統治は失敗していたのだ。

他州でも、スーチー政権に対する失望の声が聞かれた。政権がコントロールできるはずの地方分権についても、自治を担うはずの地方議会は低迷していた。それにもかかわらず、少数民族州にアウンサン将軍の銅像を建て、モン州では橋の名前に同将軍の名前を付けようとするなど、ビルマ人中心のナショナリズムを押しつける行動がみられた。

スーチー政権には、多数派の意思を政治に反映させる意味での民主化を進める意思はあっても、それと少数派の包摂を両立させるバランス感覚には欠けていたといえる。スーチーの民主主義観とカリスマに依存した民主化運動が抱える限界だったのかもしれない。

新型コロナ禍での総選挙

新型コロナ禍も軍の政権不信を助長した。

二〇二〇年三月四日、連邦議会の軍代表議員たちが突然、医療用マスク姿で登院する。政府からはマスク着用を義務づける指示は出ておらず、一般の議員にはマスク姿の者はいない。メディアに理由を問われたある軍代表議員は、身を守るためだと短く答えただけだが、政府の対策の遅さへの軍の抗議であることは明白だった。

確かに、政府の初動は遅れていた。しかし、初動こそ遅れたものの、その後の法規制による市民の行動制限はむしろ厳しかった。各国の規制の強度を比較した新型コロナウイルス対策厳格度指標(Covid-19 Stringency Index)によると、東南アジアにおけるミャンマーの順位は二〇二〇年四月後半から、翌年の政変まではずっと上位三国に入っている。四月二七日には経済救済計画を政府は発表し、金利の引き下げや、低利融資のための基金設立、法人税支払い期限の延長、社会保険料の支払い猶予、電気料金免除、各種免税措置、緊急食糧支援などの対策がとられた。

スーチー政権の新型コロナ対策にとりわけ大きな問題があったわけではない。コロナ禍後の経済回復も見込まれていて、アジア開発銀行は成長率が一・八%に落ち込んだあと、六・〇%まで回復するという予測を発表していた。

とはいえ、多くの国と同様に感染は広がった。ミャンマーでは二〇二〇年八月末にラカインで一〇〇人を超える感染が判明し、そのあと全国へと広がり、一〇月には毎日のように一〇〇〇人を超える感染者数が発表された。検査体制の弱さを考えると実数はもっと多かっただろう。その波が収束したのは一二月に入ってからのことで、一〇〇〇人台の感染者数が発表されていたさなかの一一月八日に総選挙が実施されている。延期を求める野党の反対を押し切っての政府による断行であった。

新型コロナの感染拡大が選挙に与えた影響は大きい。三つ挙げておこう。

まず、選挙運動に制限が課されたことで、オンライン、特にソーシャル・メディアでの運動が通常以上に効果を発揮した。感染防止のために五〇人を超える集会が禁止されていたため、二〇一五年総選挙時に力を発揮した各地での草の根の集票活動と一定の社会的熱狂を、NLDは再現することができなかった。その分、オンラインでのキャンペーンを強化する。

オンラインとなると、スーチーのような視覚的なシンボルの戦術的価値が高まる。スーチーもやる気を見せた。党の選挙対策委員会のトップとして運動の先頭に立ち、政府での執務後に選挙対策本部に通ったという。「NLD議長」名義で自身のフェイスブック・アカウントを開設し、そこで党幹部や若い党員に自らインタビューする動画を掲載していく。受け手である有権者も、二〇一五年とは比べものにならないくらいインターネット利用者が増えている。回線速度も上がり、農村でも動画が視聴できた。

第二に、新型コロナ禍で国際的な交流が制限されるなか、軍の孤立が進んだ。そもそも、ロヒンギャ危機以降に欧米諸国や国連とは敵対関係にあり、交流の頻度は相当程度下がっていた。二〇一五年の選挙時には、平和的な政権移行を脅かしうる軍の行動に、国際社会も国際メディアも注目し、各国要人やメディアがミンアウンフラインと会い、選挙結果の尊重と平和的移譲の意思を確認していた。ところが、それから五年、いまやミンアウンフラインは、ジェノサイドの首謀者という疑義をかけられ、しかも、新型コロナ禍で来訪者も減っている。選挙の盛り上がりもなく、国際的関心は極めて低かった。

最後に、メディアや世論調査機関が自由に取材や調査ができなくなったことで、選挙に関する公共的な情報が乏しかった。選挙前の世論調査の数はごくわずかで、その限られた世論調査のひとつでは、旧与党のUSDPの支持率は七%と低く、NLDは三九%であった(PACE 2020)。一方で支持政党がないと答えた者が二〇%いて、USDPの不人気を考えると、この層は消極的な支持者としてNLDに投票するとみられた。NLDの積極的な支持者と合わせて六割ほどの票が入れば、単純小選挙区制では七割から八割の議席はNLDが獲得する。専門家の大方の予想もこの数字と大きく違いはなかった。NLDが苦戦するなら、少数民族州でのことだとみられていた。

しかし、こうした予想が軍と保守勢力には共有されていなかった。軍の閉鎖的な組織文化にくわえて、トップが大統領になりたがっていることは皆が知っている。そのなかでまともな選挙予測が最高司令官に伝えられていたとは考えにくい。選挙当日、ミンアウンフラインは、投票後に囲んだ記者たちに対し、「結果が国民の希望にかなうならば受け入れるよ」とにこやかに答えている。左手を上げ、その小指の先についた二重投票防止用のインクを見せていた。

二〇二〇年総選挙

選挙結果は、NLDの圧勝である。

二院制の連邦議会と、一四ある地方議会とを合わせた一一一七議席が争われ、上院選挙では争われた一六一議席中一三八議席(八六%)、下院選挙では同じく三一五議席中二五八議席(八二%)をNLDが獲得した。前回の総選挙では上下院合わせて三九〇議席(上院一三五、下院二五五)を獲得していたので、六議席、前回より上回った(三九六議席)。地方議会でも、ラカイン州とシャン州を除いた地域ではNLDが過半数を占めた。一方のUSDPは上下院合わせて四一から三三に議席を減らした。惨敗だ。

少数民族地域でもNLDが多くの議席を獲得したことは、驚きをもって受け止められたが、そこまで不自然な結果ではなかった。依然として高いスーチー人気、悪くなかった経済、さらに、有力な野党が存在しないことなどを考慮すれば、妥当な結果だといえる。

だが、NLDが議席を減らすものと予想していた野党や軍にとっては、この結果は予想外だった。直後からUSDPを中心に選挙不正の告発がはじまり、軍もそれに加わった。といっても、この頃の選挙不正疑惑がのちにクーデターにつながると予想していた者は、ほぼいないはずだ。敗れた政党が選挙の不正を訴えることはよくある。個別の不正案件について審理を進めるにしても時間がかかる。すでに発表された選挙結果を即座に覆すことは不可能で、間もなく第二次スーチー政権が誕生する、そうみられていた。

ところが、二〇二一年に入って、事態が急速に緊迫していく。

第5章　クーデターから混迷へ（二〇二一―）

2021年，道路を占拠するデモ隊

七七年前の話からはじめよう。

一九四五年三月二七日、パサパラが蜂起した。パサパラとは、当時ミャンマーを事実上統治していた日本軍に抵抗する現地政治勢力の統一戦線である。反ファシスト人民自由連盟（AFPFL）のビルマ語の頭文字を合わせてパサパラという。ここでファシストとは日本軍のことを意味する。

太平洋戦争勃発後、日本軍は一九四二年にミャンマーに侵攻。八カ月ほどで制圧して軍政を敷き、翌年には名目的な独立を与えて新国家「ビルマ国」を樹立した。アウンサンスーチーの父であるアウンサンは、祖国独立のために日本軍に協力し、一九四一年にタイのバンコクで義勇軍であるビルマ独立軍（BIA）を結成していた。「ビルマ国」ではビルマ独立軍の流れを汲むビルマ国民軍（BNA）の幹部と防衛大臣に就任する。まだ若く、二八歳のときだった。

独立といっても、実質は日本軍による統治といえた。そのため、アウンサンらは次第に不満を募らせていく。そして、日本軍の戦況が不利になるなか、一九四四年八月に統一戦線であるパサパラが秘密裏に結成された。ビルマ共産党（BCP）などとともに組織化をすすめたのち蜂起した日が、三月二七日である。この対日抗争を記念して、三月二七日はミャンマーでは祝日になっている。ビルマ語で「タッマドーネ」という。日本語だと「国軍の日」になる。この日には、かつてはヤンゴンで、いまは首都ネーピードーで、軍主催の式典や軍事パレードが行われる。

パサパラの蜂起から七六年後の二〇二一年三月も、「国軍の日」は近づいていた。クーデター後、二月末から本格化した軍による市民への弾圧で情勢は混乱していた。都市部では公共交通機関も動かず、一部では市民がバリケードで道路を封鎖。とはいえ、式典やパレードを中止する気は、軍にはない。例年通り実施してクーデター後の事態に動じていないことを誇示する必要があった。一方の抵抗勢力にとってこの「国軍の日」はまた別の意味をもった。「ファシスト日本」への抵抗がはじまった日であり、その「ファシスト日本」と重なるのは軍である。統一戦線パサパラに重なるのは当然、自分たちだ。第二の独立を目指した蜂起の日、それが二〇二一年三月二七日になる、そんな声があがっていて、衝突が懸念された。

懸念のとおり、各地で衝突が起きる。わかっているだけで、全国七三カ所で大規模なデモがあり、軍はいつにも増して強硬に対処した。弾圧による犠牲者は一七三人とみられている。死者の多くが軍に抗議する若者たちだった。一日の死者数としては、軍による政権掌握から現在にいたるまで最多である。そんななか、軍のパレードを含む式典が挙行された。夜の晩餐会では正装に身を包んだミンアウンフラインの姿があった。市民の抵抗に軍が早々に屈するという希望的な見方は、この日、打ち砕かれてしまったのである。

政変はこの国に何をもたらしたのか。本章でみていきたい。

1　クーデター勃発

二〇二一年二月一日

なぜクーデターは二月一日に敢行されたのだろうか。

二月一日は連邦議会下院の召集日だった。前年の選挙で当選した議員たちが初めて登院し、宣誓を行い、議長を選出する日である。その翌日には上院も召集され、大統領選出のプロセスがはじまるはずだった。前年一一月の総選挙以来、NLDによる選挙不正を訴えてきた軍は、議会の召集をなんとしても阻止したかった。第二次スーチー政権の発足が既成事実化するからである。実際軍は、非常事態宣言の理由について、不正で選出された議員の召集が国家の非常事態にあたると説明している。

予兆はあった。軍が続けてきた国民民主連盟（NLD）による選挙不正疑惑の追及は、議会召集の直前には脅しに変わっていた。軍報道官は「（クーデターは）ありえるともありえないともいえない」と記者の質問に答えていたし、ミンアウンフラインも、士官学校での訓辞で、「適切に遵守されない憲法など必要ない」と強い口調で発言していた。

水面下ではぎりぎりまで交渉が続いていた。一月三〇日、政府幹部二名と軍幹部二名の会合があった。その場で軍は三点を要求したという。①選挙管理委員会の交代、②議会召集の延期、③票の再集計、である。スーチーはこの要求を受け入れなかった。受け入れないどころか、軍に一切の連絡をしないまま、一月三一日午後三時頃、翌日午後の議会召集をアナウンスした。軍の面子をつぶす行為である。ここで、準備されていたクーデター計画に最高司令官からゴーサインが出たようである。

政権幹部の拘束後、軍出身の副大統領が大統領代行として非常事態宣言(憲法第四一七条および第四一八条(a))を発令する。司法・立法・行政の権限は大統領から軍最高司令官に委譲された。この条項は、憲法制定時から「クーデター条項」だと批判されていたもので、その懸念が現実のものになったのであった。

スーチーが軍の力に無自覚だったはずがない。直前まで軍による政権転覆の可能性を懸念する声が、周囲から伝えられていたこともわかっている。それでも、軍に折れなかったのは、選挙不正の追及をいつもの揺さぶりだと考えていたからかもしれない。一方でミンアウンフライン も、クーデターをちらつかせればスーチーは軍の要求を呑むと読んでいたのだろう。だからこそ、二月一日の未明まで「待った」のだ。もっと早くに敢行することもできた。相手はブレーキを踏む。お互いがそう考えながら走るチキンレースの結末だった。

クーデターの理由

なぜクーデターは起きたのか。

短期的な要因は、不正選挙疑惑を巡る争いである。ただし、この疑惑は信憑性が乏しい。前章でも触れたように、戦前の予想よりもＮＬＤが票をとったのは確かだが、決して不自然な結果だったわけではない。大勢に影響を与える不正はなかったように思われる。

仮にその点に目をつぶっても、有権者名簿の不備という、以前から知られていた問題だけを根拠に、軍の部隊を投入して政権幹部を拘束し、さらに非常事態を宣言するというのは、手続きとしておおいに問題がある。スーチー派の排除という結論が先にあって、手続きはあとづけに過ぎない。法が誰しもを縛る「法の支配」(Rule of Law)ではなく、法を超越した個人や集団があり、法がその統治の手段となる「法を使った支配」(Rule by Law)といえよう(Holms 2003)。

では、クーデターの真の原因とは何だったのだろうか。本書の議論を踏まえれば、それはもう明らかだろう。大きく以下の三つにまとめられる。

野　心

ひとつめは、ミンアウンフラインの野心である。ミンアウンフラインは二〇二一年七月に定年をひかえていた。軍の代表がすでに四分の一の議席を占めているので、それとは別に全議員の四分の一を超える議員が自分を支持し、自身が大統領になる。そんなシナリオが頭のなかにあったのだろう。選挙前、親しい友人に新政権の構想を話していたという話も伝わる。そんな期待を持たせるような情報ばかりが本人の耳にも入っていたようだ。

ところが、蓋をあけてみれば、選挙結果はNLDの圧勝であった。直後に野党から不正を指摘する声があがった。それに軍も加わる。有権者名簿の不備について独自の調査結果を軍は発表し、選挙管理委員会にさらなる調査を求めた。選挙管理委員会は調査を必要なしと判断し、野党の提起した訴訟も最高裁が退けた。スーチーがその権力を使って自身の不正を隠しているように、大統領の地位を望むミンアウンフラインには映ったはずだ。

権益

次に、権益である。二〇一六年のスーチー政権の誕生で軍の計算は狂った。民政移管後に軍は政治から一定の距離を置いたものの、テインセイン政権の幹部の多くは退役した軍幹部たちだった。退役将校たちが政権を担当して、現役将校が安全保障体制を支えるという役割分担があった。軍を退役したら政府幹部の地位に就く、そう皮算用していた将軍たちがいてもおかしくない。

ところが、前章でみたように、スーチーは政権ポストや地方の首相ポストを自身の政党幹部や信頼を置く元官僚・有識者でほぼ総取りする。さらに憲法改正を公約のひとつに掲げ、軍の政治関与をなくすことを目指した。国家顧問という憲法上にないポストをつくり、その後も、憲法で護られていない軍の権限を削ごうとしていった。

そう考えれば、二〇二〇年の選挙結果が大きな意味を持っていたことがわかる。NLDの勝利は、軍の権益を標的とする政権があと五年続くことを意味し、同時に親軍政党に復活の目がないこともはっきりする。憲法上の特権は憲法改正を拒否することで軍が確保できたとしても、実利面での打撃は大きかったはずだ。

国家観

そして、対立を根本的に規定したのは、両者の国家観の違いである。

軍にとって最大の任務は、いうまでもなく国土の防衛だ。ただし、統合を脅かす脅威は常に内にあり、最大の脅威は国内の勢力がもたらす国家の分裂の可能性だった。冷戦下の新興独立国時代にこの国に刻まれた脅威認識がいまも残る。そればかりか、長い内戦と軍事政権のもとで、軍の脅威認識は強化されるとともに、独特の国家観と民主主義観を生んでいった。

それに対抗したのがスーチーである。彼女が求める民主化は、軍の国家観と正面から対立する。しかも、この国の民主化運動を、急進派の学生運動から、自身を指導者とする持続的な大衆運動へと変えた。彼女の理想に共鳴する者、演説に聞き惚れる者、容姿に惹かれる者、父であるアウンサンの面影をみる者など、実にさまざまなひとびとを巻き込んだ。この大衆動員力が彼女の理想に実体を与えていく。さらにいうと、彼女が女性であること、長くミャンマーを離れていたこと、夫が英国人であること、そうした個人的な要素も、保守的で男性中心のナショナリスト集団である軍との関係を悪化させたといえる。

民主化は進み、経済は発展し、社会も変容したのだが、軍の脅威認識や国家観は温存された。テインセイン政権下での「手打ち」で生まれた束の間の安定の仕組みは、スーチー政権が生まれて民主化が進んだことで崩れ、両勢力の対立は日に日に先鋭化していった。

2　政争から危機へ

三つの抵抗

軍は一発の銃弾も使わずに国家中枢の掌握に成功したが、その後、社会を巻き込んだ危機へと事態は発展していく。大規模な抵抗運動が市民の間で広がったためである。大きく三つの方法で抵抗は広がった。

(1) デモの拡大

クーデターが起きたのは首都ネーピードーの一角。約四〇〇キロ離れたヤンゴンからは遠く、通信も遮断されていた。多くのひとびとが政変の噂を聞くなか、二月一日の朝八時三〇分に国営放送で軍最高司令官が非常事態宣言を発表した。翌日の夜から市民の抵抗がはじまる。

最初は音による抵抗だった。車がクラクションを鳴らし、夜にはいくつもの家で鍋などが打ち鳴らされた。鍋を叩いて音を出すのは、悪霊を追い払うための伝統的な行為で、この場合、悪霊が軍を意味することは言うまでもあるまい。

クーデターから三日後にはマンダレーの医学校前で二〇人規模の小さな抗議集会が開かれた。二月六日にはヤンゴン市街からやや北にあって、ヤンゴン大学脇の交差点であるレーダンで、クーデターに反対する小さなデモが起きた。翌日には規模が大きくなり、参加者は一〇〇〇人を超えた。警官と対峙してもデモ隊は退かなかった。

図表5-1に二〇二一年二月のデモ数を示している。クーデターの約一週間後にはピークに達していることがわかる。急速な拡大だった。そのあと、デモ数は減少しているが、一回あたりの参加者数は増加した。二月二二日には年月日に二が五つ含まれることから、「22222」

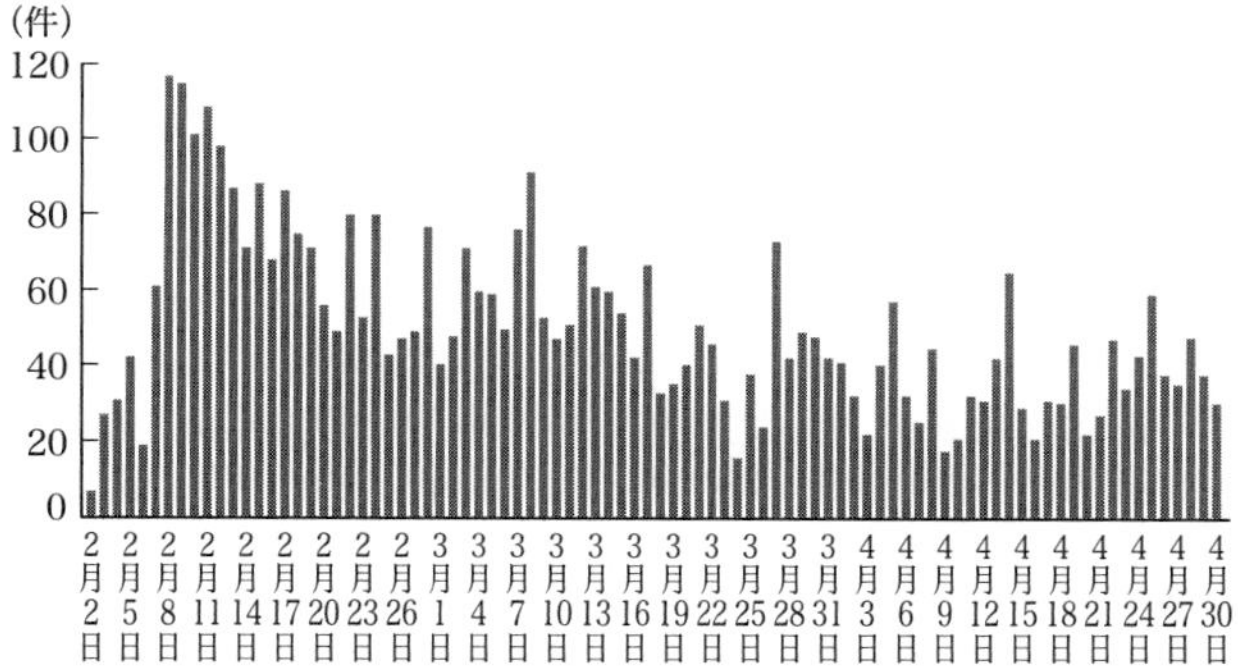

出所）Armed Conflict Location & Event Data Project

図表5－1　平和的デモ数の推移（2021年2月2日―4月30日）

（ニッンガーロウン、二が五つの意味）と呼ばれ、デモとストライキが呼びかけられた。さらに図表5－2が示すように、運動の波は全国に広がる。ヤンゴン市街も人で埋め尽くされた。

「22222」が一九八八年に起きた民主化運動「8888」（シッレーロン）にちなんだものであるように、これまでも軍に抵抗するデモはあった。だが、今回は様相がずいぶんと違った。主導したのは、NLDでも、急進派の学生でも、スーチー支持者というわけでもない。若者たちが各地で自発的に立ち上がった。Z世代と呼ばれる、一九九〇年代後半から二〇〇〇年代に生まれた若者たちが中心である。民政移管後の自由化、民主化、経済成長、対外開放、新しいテクノロジーの利便性を享受した彼ら／彼女らは、二〇一〇年代の改革の申し子ともいえた。

また、デモが農村部にまで広がったのも、かつて

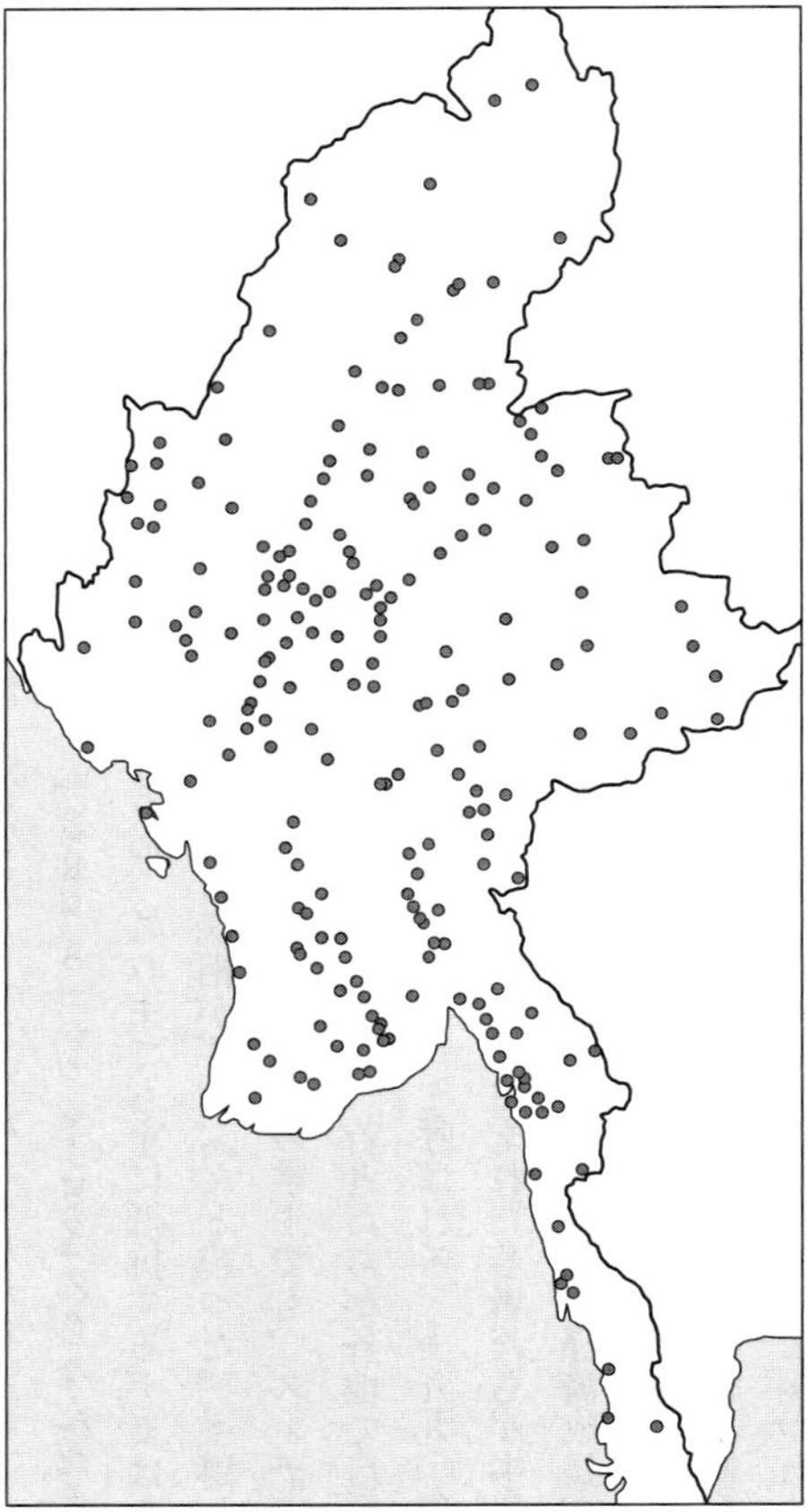

図表５－２　デモ発生地の分布

はみられなかったことだ。農業経済学者の髙橋昭雄によると、農村での抵抗拡大の原因は、農民のなかでも大卒者が増えたことと、スマートフォンによる情報の流入、そしてＮＬＤの農村への浸透に求められるという。

デモの形式にも大きな変化がみられた。デモ隊の仮装やミニ・コンサート、ユーモアのきいたプラカードの提示など、より気軽に参加できる雰囲気をつくる演出は、タイのそれに近い。三本指を立てる抵抗のポーズは、タイでの二〇一四年クーデター時に若者たちが軍への抵抗を示すために見せたポーズだ。源流をたどれば、ハリウッド映画の『ハンガー・ゲーム』でジェニファー・ローレンス演じる主人公カットニスが、独裁国家パネムに示す抵抗のポーズである。他にも、香港で二〇一九年に起きた民主派によるデモで使用された活動マニュアルが、そのままビルマ語に訳されてクラウド上で共有されていた。海外のミャンマー人コミュニティが各国政府に抵抗運動への支援を求めるなど、閉じられた国での反政府運動ではもはやなかった。

(2) 不服従運動

政変後の混迷を決定づけたのは市民的不服従運動(CDM)である。CDMを呼びかけるフェイスブック・アカウントがクーデター翌日に開設され、瞬く間に一五万人のフォロワーを獲得する。CDMという言葉がミャンマーの抵抗運動に使われたのは新しいことで、これまでは「ダベイフマウッ」(ストライキを意味し、言葉としては仏僧が持つ托鉢用の鉢を裏返すこと)と呼ばれることが多かった。

先駆けとなったのは医療従事者だ。二月三日、全国七〇の病院に勤める医師たちが業務を放棄した。ミャンマーでも、医師はトップエリートで社会的な尊敬を集める。保健省下の国営病院やクリニックに勤める医師も多く、ましてや、新型コロナ禍の感染拡大を警戒するなかで、医療従事者の社会的な役割は大きくなっていた。その医療従事者が真っ先にCDMに参加したことがひとびとに衝撃と勇気を与える。

不服従の連鎖反応はその後、公務員だけでなく、銀行員や工場労働者のような民間企業関係者にも広がっていった。政府機能は著しく低下し、学校から教員も学生たちも姿を消し、鉄道やバスのような公共交通機関は動かなくなった。医療従事者については八割、教育関係者は五割が参加したともいわれる。運輸・通信省下にあるミャンマー国鉄や、電力・エネルギー省のように、インフラ関連で職員が多い省庁でも多数のCDM参加者がみられた。中央銀行からの指令で銀行も開いてはいるものの、職員が足らず開店休業状態で、銀行間の取引も滞り、現金が引き出せない。そのため、現金預け払い機(ATM)に長蛇の列ができた。

(3) 国民統一政府(NUG)

軍に対してデモや不服従運動で示された抵抗の意思を政治運動としてまとめ、結集する勢力が必要だった。軍はスーチーを拘束しており、支持者による抵抗があっても抑え込めると高をくくっていたのだろう。幹部以外のNLD議員たちが宿泊していた議員宿舎の包囲を、クーデターから三日後に解いていることからもそれはわかる。

議員たちは宿舎から出た二日後に、独自の議会である連邦議会代表委員会(CRPH)を結成する。続けてCRPHは二〇〇八年憲法の廃止を宣言し、連邦民主憲章(FDC)を新たな原理原則として採用することを発表した。同憲章にもとづいて、四月一六日、国民統一政府(NUG)を結成する。軍の政権掌握を否定し、自らを真の政権だと主張するものだった。スーチーのカリスマ頼みといわれていたNLDの議員たちが、独自に勢力の立て直しを図ったのである。

これが可能になったのは、NUGがオンライン上の政府だからだ。実効支配地域がなく組織の実態が脆弱であっても、広範なミャンマー市民の支持を受けたスーチー政権の後継組織として、内外にその正統性を訴えることができた。

NUGのトップは、拘束されたスーチーである。役職は国家顧問。同じく拘束されている大統領のウィンミンもそのままNUGの大統領となっている。もちろん、ふたりは執務できない。実質的な最高責任者はNUG副大統領に就任したドゥワ・ラシラで、NLDの党員ではなく、少数民族州であるカチン州やシャン州で長年にわたり慈善活動や文化活動に従事してきたカチン人の社会指導者である。首相にはNLDの元議員で上院議長でもあった、カイン人のマンウィンカインタンが就任した。

NUG樹立宣言では、一九八八年の民主化運動時の学生指導者であったミンコーナインが、民族や宗教の垣根を越えた真の連邦政府を目指すと宣言した。アウンサンスーチー政権を引継ぎつつ、より広範な社会勢力と民族間の融和を目指すという、新しいミャンマー像の提示である。その新しいミャンマー像は、仏教徒ビルマ人中心だと批判されていたＮＬＤ関係者が主導しながらも、より広範な統一戦線を内外で生み出すための戦略と公約でもあった。

軍の強硬姿勢

こうした抵抗に軍は弾圧で臨んだ。当初は、軍の部隊も動員されていたものの、警察官が足りない地方を除けば、あくまで警察の背後に控える程度。爆音で群衆を牽制・威圧するスタン・グレネード、ゴム弾の使用や放水などがみられたものの、まだ暴徒鎮圧や群衆制御の範囲内だったといえる。ヤンゴンでのデモ隊による街頭占拠に対しても、警告にとどまっていた。

この軍の姿勢が二月末から転換する。二月二二日以降の大規模なデモとストライキが直接の引き金になったようだ。週末には都市部で街頭を占拠していた群衆が、警察によって強制的に排除された。再び占拠しようと迫るデモ隊に対峙した警察は、盾を手に道を塞いで立ちはだかるだけでなく、軍靴音で威圧しながら前進する。散り散りとなる群衆。それでも向かってくる者や逃げ遅れた者を、警棒などで殴打し、拘束した。デモ隊の様子も一変し、参加者は若い男性が中心となり、ヘルメットとゴーグル、ガスマスクが必需品になった。

この頃には実弾の使用も警察や軍には許可され、各地で自動小銃やショットガンの発砲がみられた。背中を向けて逃げるひとびとにも容赦なく発砲された。三月三日には、マンダレーで一九歳の女性が後頭部に銃弾を受けて死亡している。軍の報道官は摘出された銃弾が治安部隊の使用するものではなかったと否定したものの、状況的には治安部隊による発砲を受けたことは明らかだった。

たががはずれたように軍の弾圧が強化されていった。クーデター発生から約二カ月で七〇〇人が亡くなる。本書執筆時点の死者数は約二〇〇〇人なので、初期の弾圧で犠牲者数の約三分の一が出ている。とりわけ犠牲者が多く出たのは、三月一四日のヤンゴン郊外にあるフラインターヤー地区での弾圧(一一二人が死亡)、本章冒頭で言及した「国軍の日」の全国的な衝突(一七三人が死亡)、四月九日の地方都市バゴーでの弾圧(八二人が死亡)である。

不服従運動に参加した公務員たちも指導的な役割を果たした者は刑法上の罪に問われるか、逃亡した者は指名手配された。参加しただけの公務員に軍は免罪と引き換えに職場復帰を呼びかけ、それに従わなかった者を解雇していった。職場に残る者や復帰した者にもさまざまな事情があるが、そうしたひとたちを軍の協力者とみなす急進勢力もいて、スーチー政権下で取り戻したはずの政府に対する信頼が大きく後退してしまう。

国際法違反

弾圧の生々しい映像がインターネットなどを通じて拡散された。軍の士官が部隊に発砲を命じる姿や、自動小銃の使用が上官から指示されていることを語る兵士の姿などがSNSで出回る。土嚢を積んだバリケードに、対戦車用のグレネードランチャーが撃ち込まれて逃げ惑う若者たちの姿、バイクに乗車する若者を後方の車上から軍人が発砲する映像もあった。抵抗運動関係者が軍に拘束されたのちに、拷問を受けて亡くなったという証言も相次いだ。

チン州、カヤー州、ザガイン管区、マグエ管区では、軍の部隊によって村が焼き払われる村落破壊が頻発した。ミャンマーとタイに拠点を置く調査NGOであるミャンマー戦略政策研究所によると、二〇二一年二月一日から二〇二二年三月二六日までに全国で少なくとも二万二二九九の家屋と建築物が焼却・破壊されたという(ISP-Myanmar 2022)。現地での取材が制限されるなかで、国際メディアも、オシント(OSINT)と呼ばれる、衛星写真やソーシャル・メディア上の公開情報などを駆使して分析する手法を用いながら、軍による弾圧の実態を暴いた。

これらの情報が私たちを驚かせたのは、軍があまりに無法者にみえたからだ。ただしこれはその残忍さを表現する比喩にとどまらない。実際に法に違反する行為でもあった。

ここでの法とは主に国際人道法である。国際人道法は、「武力紛争による不必要な犠牲や損害を防止し、戦闘に参加しないすべての人の保護を目的とした、国際的な条約の総称」(赤十字国際委員会)で、その代表的な条約であるジュネーヴ条約(一九四九)では、国際的な武力紛争時における民間人の保護や、戦闘行為から離脱した戦闘員・捕虜の取扱いが定められている。

そのなかには、国内武力紛争に関する条項もあり、共通第三条では、「国際的性質を有しない武力紛争について」も、「(1)敵対行為に直接に参加しない者……は、すべての場合において、人種、色、宗教若しくは信条、性別、門地若しくは貧富又はその他類似の基準による不利な差別をしないで人道的に待遇しなければならない」とある。具体的には、(a)生命及び身体に対する暴行、特に、あらゆる種類の殺人、傷害、虐待及び拷問、(b)人質、(c)個人の尊厳に対する侵害、特に、侮辱的で体面を汚す待遇、(d)裁判によらない判決の言渡及び刑の執行、が禁止されている。ミャンマーは同条約の締約国であるため、遵守する義務を負う。

2021 年 3 月，弾圧から逃れるデモ隊(AP/アフロ)

軍によるデモ隊への弾圧はこの共通第三条違反だと解しうるだろう。少なくとも二月から三月まで軍に抵抗した若者たちは、戦闘員と呼べるような武装はしていなかった。

国軍によって焼き払われた村(ロイター/アフロ)

村落部では抵抗勢力が潜んでいることを理由に民間人に対する脅しや村落破壊が報道機関などにより報告され、動画や衛星写真でも確認されている。のちには民間人を巻き込む空爆も軍は実行した。民間人の保護がなされておらず、戦場で戦闘員と民間人を分ける「区別の原則」も無視された。

同様に目立ったのは、均衡性の欠如である。一九七七年に採択されたジュネーヴ条約の第一追加議定書には、戦闘行為の均衡性(proportionality「比例性」とも呼ばれる)が定められている。戦闘の対象に与える行為がもたらす「具体的かつ直接の軍事的利益」との比較で、「文民の傷害及び民用物の損傷」を引き起こすことを禁止するものだ。また、そうした被害を予防する措置も義務づけられている。戦闘が引き起こしうる人道的な被害を最小限に止めるための規定である。ミャンマー軍は市街地で、火炎瓶や手製の小型爆発物程度しか持たないデモ隊に、自動小銃や迫撃砲、対戦車用グレネードランチャーなどを使用した。均衡性を無視していることは明らかであろう。

ただ、均衡性の原則を定めた「ジュネーヴ条約第一議定書」と、その非国際的な武力紛争への拡充を目的とした「ジュネーヴ条約第二追加議定書」については、ミャンマーは締約国になっていないため、厳密な意味での適用には議論の余地がある。

これらの戦争犯罪よりもさらに重大な罪として、「人道に対する罪」も指摘されている。この罪は、第二次世界大戦後にドイツの戦争犯罪を裁いたニュルンベルク国際軍事裁判ではじめて適用されたもので、「文民たる住民に対する広範な又は組織的な攻撃の一部として、当該攻撃の認識とともに行われた」、殺人、殲滅、奴隷化、強制移送、拷問などの行為を指す。なお、この罪を定めた国際刑事裁判所ローマ規程についても、ミャンマーは締約国ではない。

なぜ市民を撃つのか

国際法をないがしろにする軍の行動はしかし、決して無軌道な集団によって引き起こされたものではないことにも注意が必要だろう。戦地や政治デモ対策の長年の習慣が引き起こしたものである。

軍にとっての敵は常に国民のなかにいた。対する武装勢力も民間人の協力を得て戦況を有利に進めようとしてきた。毛沢東の言葉を使うなら、「人民の海」を活用して勝とうとするわけである。対して軍は、残虐な戦術で対処してきた。よく知られるのは、「フォー・カッツ」(four cuts ビルマ語では「ピャッレーピャッ」)と呼ばれる戦術だ。食糧、資金、情報、兵士の四つを絶つことで、敵に打撃を与えるものある(Smith 1991)。

そもそものモデルは、英領マラヤ(現在のマレーシアとシンガポール)での英軍による対共産党作戦にある。一九五〇年にブリッグス計画のもと、マラヤ共産党の支持層とみられていた中華系住民を中心に四〇万人以上が四〇〇を超える「新村」に移住させられた(Newsinger 2015)。その背景にあった戦略的発想は、当時、マラヤでの作戦に従事した対反乱勢力の専門家ロバート・トンプソンが、その著書『共産党反乱に勝つ』(*Defeating Communist Insurgency*)で体系化している。反乱とは「ひとびとをめぐる戦争」であり、それに勝つには軍事的な勝利だけでなく、政府の権威と秩序を再構築しなければならないという(Thompson 1966)。

この、政府の権威を打ち立てるために、反乱を支える民間人の生活に暴力的に介入する行為が、ミャンマーで独自に発展し、フォー・カッツ戦術となった。軍幹部の回顧録によると、一九六〇年代後半に中央部のバゴー山地やエーヤワディ・デルタでの対ビルマ共産党作戦、対KNU作戦でこうした戦術が採用されるようになった(タンティン 2004)。

このフォー・カッツ戦術がもたらしたのは、戦闘地域周辺でのひとや施設への危害だった。意図的に村民を殺傷、村落を破壊することで、敵への協力を「予防」しようとすることも少なくなかった。少数民族地域での軍による人権侵害事例がこれまでも数多く報告され、都市部での政治デモにも同様に、軍に従わない国民を敵とみなして弾圧を加えてきたのがミャンマー軍である。

むろんこうした戦術では一時的に平穏が訪れても人心は離れる。現代では、こうした作戦行動は国際法違反に問われるだけでなく、作戦の最終目的達成も阻害する不合理な行為とみなされる。それでもミャンマー軍の戦術が大きく変わらなかったのは、ひとつには、それしか知らないからである。長年にわたる予算不足と国際的孤立で、国際標準へのキャッチアップができなかった。

また、ミャンマー軍研究の専門家アンドリュー・セルスが指摘する軍の二重構造も関係している。参謀本部中心の組織構造と、各部隊による現場での運用とが大きく乖離して生じる二重構造である。ミャンマー軍は一見すると統合された指揮命令系統を持つ軍隊のようにみえるが、歩兵を主とする作戦行動では現場に大きな裁量権がある。部隊はときに、過剰な武力行使で民間人にも危害を加える。多くの事件はもみ消されるが、目に余る場合は、当事者が軍法会議で軍紀違反を理由に裁かれ、上官はせいぜい退職である。上層部の責任はまず問われることがない(Selth 2018)。

二〇一七年のロヒンギャ危機の際にも、一部の兵士が現場で拘束した村人を処刑したことにより軍法会議で罪に問われたが(インディン村事件)、幹部の責任は軍管区司令官が解任されただけだった。軍法会議で一〇年の禁固刑となった加害の当事者である兵士たちも、一年後には最高司令官の恩赦で釈放されている。軍内で免罪が習慣化していることを示すものだった。

軍という閉鎖社会

市民を撃つ軍隊の背景には、軍社会の閉鎖性も関係しているだろう。

まず、軍の兵士や将校の社会的属性には大きな偏りがある。筆者がかつて一九七一年から一九八五年までの軍幹部上位一五〇名程度の民族的属性を調査したところ、常に八割、ときに九割の幹部将校がビルマ人の仏教徒であった(中西 2009)。軍内に非仏教徒は少なく、宗教的な多様性も欠く。

こうした民族・宗教構成が生まれたのは、軍が分裂した過去の経験があるからだ。ミャンマー軍は本章冒頭に記したビルマ国民軍(BNA。のちには愛国ビルマ軍[PBF]に名称変更)と植民地期の軍事機構である正規軍との統合で生まれた。この、敵同士が共存する新しい軍隊には、正規軍から引き継がれた民族別の大隊、すなわち、カチン大隊やカレン大隊、シャン大隊と呼ばれる部隊があった。独立から間もなく、そうした部隊の一部が反乱勢力に加わったことがある。以来、少数民族の士官養成や募兵を軍は制限してきた。そのため、ミャンマー軍はビルマ人仏教徒の軍隊になっていて、少数民族の多くは連邦国家の軍というよりも、ビルマ人の軍だとみている。

一般兵たちの生活も閉鎖的で、多くの兵士は家族とともに軍敷地内の宿舎に住み、人間関係は閉じがちだ。筆者がＮＬＤ所属議員と話をした際、彼の選挙区にある駐屯地の住民とは一切の交流がなかった。政変後に脱走した兵士や将校による証言にも、「兵士たちは外の世界とはまったく関係が絶たれている。軍が兵士たちにとって唯一の世界なんだ」といったものもある。兵舎からの外出は一五分までしか許されておらず、家族も含めて相互監視状態におかれている(Beech 2021)。軍は社会からかなり孤絶した集団になっているのだ。

この閉鎖的な軍社会では、プロパガンダが影響力を持つ。スーチーやＮＬＤ、さらにクーデター後の抵抗運動の背後には、欧米の影響があると信じている者も少なくない。より具体的には、ハンガリー出身の投資家ジョージ・ソロスが創設者であるオープン・ソサエティ財団の資金で、デモ参加者が動員されて国家の転覆が図られているといった類の陰謀論が浸透している。

3　ポスト・スーチー時代の到来

軍の目論見

市民による抵抗の大きさは軍の想定外だっただろう。だが、軍が慌てたということはなさそうだ。これまでの反政府運動も、軍は暴力で抑え込んでいて、市民に対する暴力の行使は通常運転だともいえる。自由化と民主化が進んでも、軍の脅威認識や国民に対する愚民観、脅威への対処の方法が、根本的には変わらなかったということである。

事実、軍はクーデターの目標をいまも変えていない。抵抗を抑え込んで、軍にとって望ましい政権をつくる。そのためにスーチーとNLD関係者は徹底排除する。この目標に向けて粛々と作業を進めているのである。

クーデターの理由となった選挙結果については、二〇二一年七月二六日に選挙管理委員会(クーデター後に新しく委員が選任された)が無効を宣言した。といっても、有権者名簿の不備や投票用紙の数に関する指摘ばかりで、大規模な不正の手段が証明されたわけでない。結論は最初から決まっていた。

スーチーの裁判も進んでいる。本書執筆時点で一九の罪で起訴中である。一部ではすでに判決が出ているが、半数以上の容疑は最長で禁固一五年の刑となる反汚職法違反だ。すべてで有罪となれば相当の刑期になるだろう。一九四五年生まれのスーチーにとって、実質的な終身刑になる可能性が高い。

政敵の排除に加えて垣間みえるのは、軍の世代交代の準備だ。軍が設置した国家行政評議会(SAC)には、軍の最高幹部クラスが六人入っていて、そのなかで最も若いモーミントゥン中将が次期最高司令官の最有力候補だとみられている。士官学校三〇期卒で、一九期卒のミンアウンフラインより一〇歳は若い。年次がものをいう軍で、他の特別作戦室司令官よりも若いモーミントゥンをSACメンバーにしていることから、明らかに優遇されている。

ミンアウンフラインが軍を次世代に引き継ぐなら、おそらく自身の経験からも議会の一期、つまり五年は司令官職を全うできる年齢の軍人を選ぶだろう。目をかけて昇進させてきたモーミントゥンを、次の最高司令官候補と考えているようにみえる。

変質する抵抗

スーチーと政権幹部たちの生殺与奪の権限は軍の手中にある。かつて軍事政権下でスーチーが一五年間の自宅軟禁下にあったときも同じだった。しかし、当時と異なるのは、スーチーを拘束しても、軍が弾圧を強めても、抵抗がおさまらないということだ。

大都市ではもはや大規模なデモはみられず、表面的には平穏が訪れつつあるものの、抵抗の質と発生地域が変わった。質からみると、抵抗の手段が非暴力主義から離れていった。軍の弾圧に対して若者たちは武装をはじめた。最初はパチンコや空気銃、火炎瓶のような手製の道具だった。デモ隊に実弾を放つ軍の前では、自衛にすらならない装備である。防戦一方で犠牲者が増えるだけの若者たちは、次第に武力による抵抗を望むようになっていった。若者たちを束ねようとしていたNUGは、その声に押されて「自衛のため」の暴力を容認。非暴力路線を転換するというNUGの決断を、拘束されているスーチーはおそらく知らない。

NUGは当初、国際社会に期待していた。オンラインでの政権樹立で、タイミングが彼らの味方をした面もある。二〇二〇年から本格化した世界的な新型コロナ感染拡大対策のなかで、ズーム(Zoom)をはじめとするオンライン会議サービスの使用が世界標準のコミュニケーション・ツールとなっていた。こうしたツールを最大限に利用して国際社会に対し、NUGを政府として承認するように訴えた。

しかしながら、NUGを政府承認する国はいまのところない。軍が国土の大半を実効支配しているなかで、オンラインを舞台に活動する政権に対して、そこまでは踏み切れないというのが各国の本音だろう。クーデター直後から、ミャンマー軍に対して標的制裁など厳しい対応をしてきた米国や英国、欧州連合(EU)であっても、それは同じである。

ついには、消極的な行動に終始する国際社会に対する失望がひとつの理由となって、NUGの戦略バランスが武装闘争にシフトした。二〇二一年五月に、NUGは人民防衛軍(PDF)という軍事部門を結成していた。その狙いは、各地で独自に組織された武装抵抗勢力をNUGの国防省のもとで束ねるためである。結成当時は、組織としての体をなしていなかったが、次第に現地で戦う若者たちや少数民族武装勢力との間で連携がとられるようになっていき、九月七日には、「自衛のための戦い」(self-defense war)をNUGは宣言した。「軍事独裁に抵抗する戦いをはじめる。ひとびとはひとり残らず抵抗せよ」という文言からはじまるこの宣言は、全国民に軍に対する蜂起を呼びかけるものであった。

反軍統一戦線

NUGを武装闘争路線に導いたのは、少数民族武装勢力による突き上げも理由である。第3章でみたように、ミャンマーでは独立以来、多くの武装勢力が軍と対峙してきた。いまも少数民族武装勢力が中国、タイの国境地帯中心に活動している。この少数民族勢力の動きが、抵抗勢力を変えた。今後の行方にも大きく関わることになりそうだ。なかでも鍵となるのは、カレン民族同盟(KNU)とカチン独立機構(KIO)である。

KNUは一九四七年にカイン人の四つの社会団体の傘となる組織として結成された。カイン人にはキリスト教徒と仏教徒双方がいるが、KNUの主流派を構成したのはキリスト教徒であった。指導者は独立前に選出された制憲議会の議員でもあったソーバウジーである。一九四八年のクリスマス・イブ、カイン人の通う教会に政府系の私兵団によって手榴弾が投げ込まれ、八〇人が亡くなったことをきっかけに、一九四九年一月にKNUは武装蜂起した。独立からわずか一年後のことだ。一時は首都陥落が危ぶまれるほどの勢いがあった。

その後KNUは、ミャンマー南東部のカイン州とタニンダーリー管区のタイとの国境地帯に実効支配地域を持ち、七〇年以上にわたって軍と戦ってきた。第3章でみたように、二〇一五年には政府と停戦合意を結んでいる。ところが、他組織との停戦交渉や停戦地域での軍による道路建設に端を発する軍事的小競り合いなどで、両者の関係は悪化していた。クーデター後、KNUは抵抗する市民との共闘を宣言した。NLD関係者や抵抗運動に加わった若者たちは、KNU支配地域に多く逃れたといわれる。

もうひとつの連携組織であるKIOは、北部のカチン人を中心とする武装勢力だ。一九六一年に、ヤンゴンのカチン人学生、カチンの州都であるミッチーナ在住の知識人、カチン人退役将校らによって結成された。一九八〇年代までカチン州とシャン州北部で実効支配地域を広げ、「ミャンマー最強の民族武装勢力」(Lintner 1996)と、かつて呼ばれた組織である。

一九八〇年代に入ると中国国境地帯に押し込まれ、一九九四年に軍との停戦に合意した。兵力は一万人を超え、KNU同様に規模の大きな武装勢力である。停戦合意以降、軍との間に目立った戦闘はなかったが、二〇一一年に散発的な戦闘が起きて以来、関係が悪化していた。

クーデター後、カチン州でも若者たちが抵抗に立ち上がった。軍はテインセイン政権期の州首相を復帰させ、ミッチーナに電力を供給するブガ水力発電所に部隊を派遣した。さらに夜間外出禁止令を出したが、州都ミッチーナではデモがおさまらなかった。対して軍は弾圧を強め、三月初旬に死者が発生したことが決定打となって、KIOは軍への抵抗を宣言する。

ＫＮＵとＫＩＯ、両軍は武装闘争を決断した若者たちを訓練し、武器の入手を支援している。ＰＤＦの若者たちとともに軍を攻撃することもある。この両勢力の支援なしにＰＤＦの活動がここまで広がることはなかっただろう。

変わる紛争地図

こうして、ミャンマーにおける紛争の質と量が大きく変化した。武力を伴う戦闘の数をみると、二〇二一年二月の三九から、三月に八六、四月に一九六、五月には二九六と増えていった。その後、六月には減少に転じたため、そのまま収束するかに思えたが、九月のＮＵＧによる「自衛のための戦い」宣言前後から再び増加し、一二月から二〇二二年六月までは、ほとんどの月で三〇〇を超える衝突数を記録する。両勢力間の戦闘が減る気配はいまもないのである（Armed Conflict Location & Event Data Project のデータセット）。

図表5－3は三つの時期の武力衝突の地理的分布を示している。二〇一九年から二〇二〇年と、二〇二一年の一月から九月、そして二〇二一年九月から二〇二二年前半までのものだ。北部、南東部、そして北西部での衝突の増加を確認できる。北西部はザガイン管区南部とマグエ管区北東部にあたり、この地域での衝突にかかわったのは主にＰＤＦ（現行の兵力約一万人）である。この地域は民族構成としてはビルマ人が多く、ＮＬＤへの支持も強い。

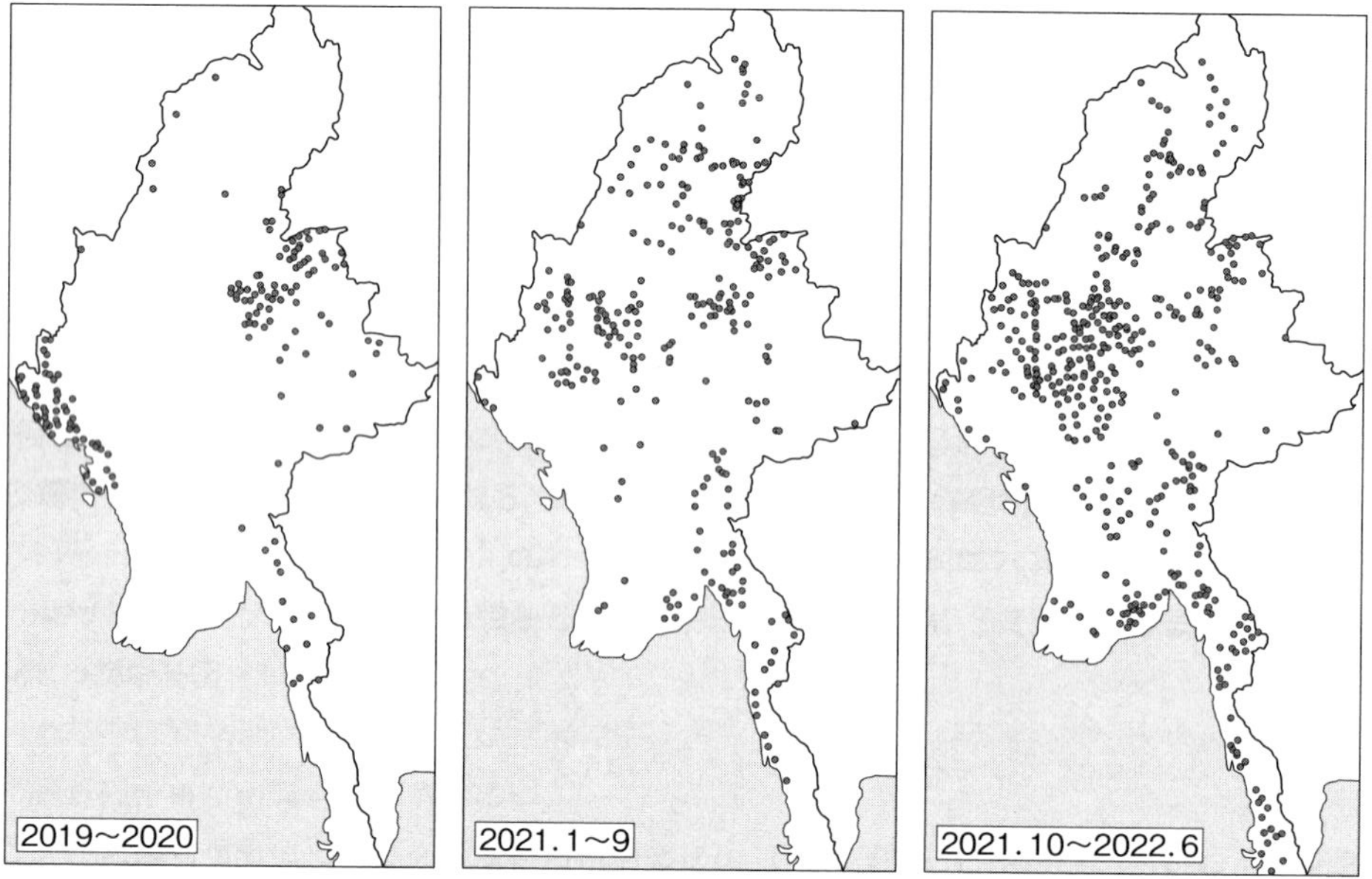

図表5-3　衝突発生地の分布

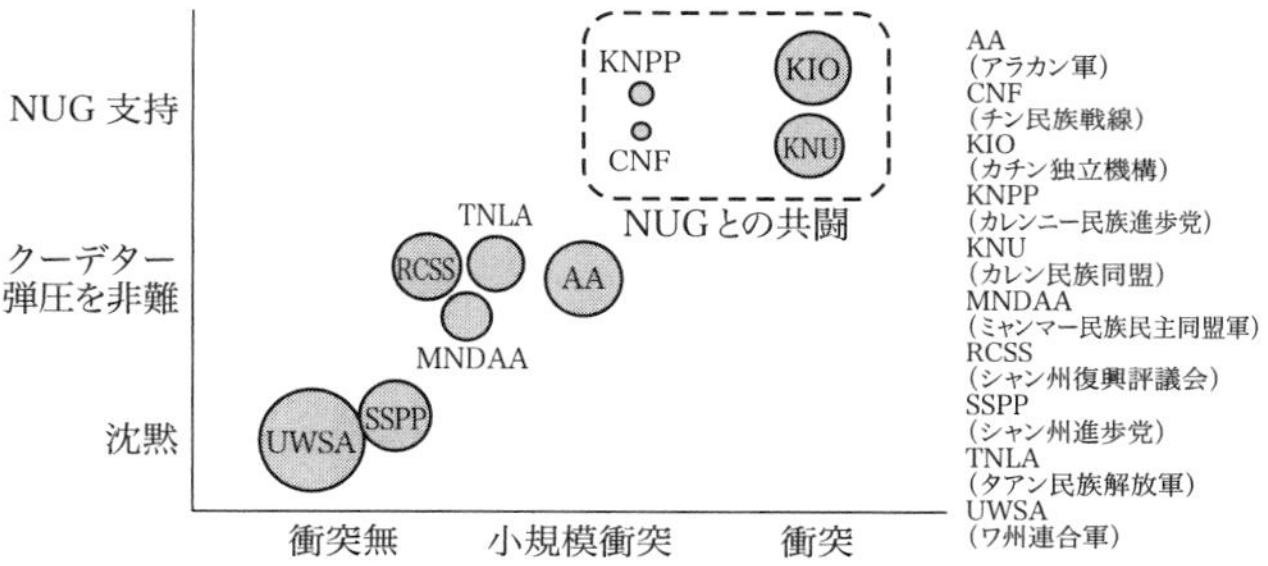

出所）Hmung（2021）を参考に筆者作成

図表5－4　主要な少数民族武装勢力の動き（2022年4月）

この地域はビルマ共産党との戦闘以来、武装闘争とは縁遠い地域だった。したがって軍に作戦遂行上の土地勘が乏しい。しかも、軍は当初、都市部での抵抗への対応を優先したため、この地域への部隊派遣が遅れた。村落部にも抵抗の動きが広がり、チャンスを見出したNUGは主にKIO支配地域で軍事訓練を終えた若者たちを、この地域に優先的に送り込んだ。結果、この国の紛争地図が一変したわけである。少数民族武装勢力と軍との戦闘から、反軍を旗頭とする統一戦線と軍との戦闘が中心になった。

ただし、抵抗に加わった少数民族武装勢力は少ない。NUGの構想では、自らの軍事部門であるPDFと、少数民族武装勢力を統合して新しい軍、すなわち連邦軍（Federal Army）を結成することになっている。だが、武装勢力の多くは静観している。

主要勢力の態度の違いを図示したのが図表5－4だ。少数民族武装勢力の対応は大きく三つの層に分かれる。NU

G支持、クーデター・弾圧を非難、そして沈黙である。いまのところ、軍と軍事的に対峙しているのはKIOとKNU、そして小規模武装組織であるKNPPとCNFだ。これら四勢力はNUGとも連携している。

他には、クーデターや弾圧を非難するにとどまった集団が四組織ある。AAについては、ラカイン州北部で軍との間に戦闘があったが、政変後の混乱とは文脈が異なり、ラカイン州を巡る衝突だ。沈黙を貫く二勢力(UWSA、SSPP)はいずれも組織の規模が大きく、そして、中国国境地帯に本拠地を置く。中国政府から関与を止められているという話もある。指示はなくとも、すでに実効支配する地域を持つこれらの武装勢力が、中央部の紛争に深入りする動機は乏しい。多くの武装勢力は軍と直接対峙することを避けているのである。

軍は抵抗を抑え込めない

以上からわかるように、軍への抵抗はひとりのカリスマが指導する運動ではもはやない。各地で自発的に組織された若者中心のグループ、それを束ねようとするNUG、武装闘争を支援・共闘する一部の少数民族武装勢力、これら三者の統一戦線が軍と戦っている。抵抗勢力は、垂直的に統合された組織というより、さまざまな利害と目的を持つ集団が、敵を共有して生まれたネットワークとみなしたほうがよい。

NUGの軍事部門であるPDFも、その実態は、戦う個々の集団の寄せ集めだ。幹部のひとりによると、NUGが担う主な役割は、PDFに参加の意思を持つ若者たちを、KIOかKNUの訓練地に送り、その若者たちに武器を可能な限り提供して、内陸部での武装闘争に送り出すことだという。送られた戦闘員が内陸部で地元の若者たちを組織化することもある。PDFに加わらないまま、より過激な行動をとる集団もいて、彼らは、軍に協力する文民を脅迫し、殺害も厭わない。PDFよりも標的の範囲が広い。

いままでのところ、抵抗勢力は軍の統治を妨害することには成功している。表向きには革命を主張しても、実際の戦力差を考えれば、武力で政権を奪取することが難しいのは、多くのNUG関係者もわかっているようだ。目下、目指すのは統治の妨害を続け、解放区や実効支配地域を少しでも増やして軍事政権の既成事実化を防ぐことだ。消耗戦に持ちこみ、戦況が変わることを待つ。特に軍からの離脱者の増大や、軍中枢の分裂が起きることが期待されている。

一方で軍は、軍備や人員、戦闘能力・火力では抵抗勢力を上回っていても、抵抗は抑え込めそうにない。というのも、軍の諜報能力が低く、現在も抵抗勢力の動静を十分に把握できていないからである。その弱さを、脅しや暴力を通じた萎縮効果で補おうとしているわけだが、抵抗勢力の士気が高いうちは、そうした威圧に屈することはないだろう。かえって抵抗側がひとびとの支持をより多く獲得する可能性が高い。

仮にＮＵＧが優位に立つ地域を軍が制圧できても、その後の民政が安定するとは限らない。衝突の多いザガイン管区やマグエ管区、カイン州、カチン州、カヤー州、チン州の農村部だけでなく、ヤンゴンやマンダレーといった都市部でも、軍の任命した村長や区長の辞職が相次いでいる。そもそも軍から任命されて、やむなく村長や区長になった者も多く、抵抗勢力から辞任を求められるなか、命を危険にさらしてまで職務を続ける義理はない。市民の抵抗は表面的にはおさまっても、軍への反感は残り、それが抵抗勢力を鼓舞するだろう。

犠牲者数と国内避難民

紛争が長引いた結果、犠牲者は増え続けている。紛争の犠牲者数を図表5－5に示した。クーデター発生から二カ月間で七〇〇人を超えたあとも、ペースは落ちたものの、弾圧や武力衝突による犠牲者は出続けている。なお、この図表には軍側の戦死者や軍協力者として殺害されたひとたちは含まれておらず、それらを含めれば犠牲者の数は三倍にはなるだろう。紛争拡大の結果、多くの避難民も生まれた。国連人道問題調整事務所（ＵＮＯＣＨＡ）によると、二〇二一年二月一日から一年四カ月間で発生したミャンマー国内の避難民の数は、約七〇万人にのぼる。クーデター前に発生していた国内避難民と合わせると、その数は一〇〇万人に達した。加えて約一万五〇〇〇人がインドとタイに難民として避難している（UNOCHA 2022）。

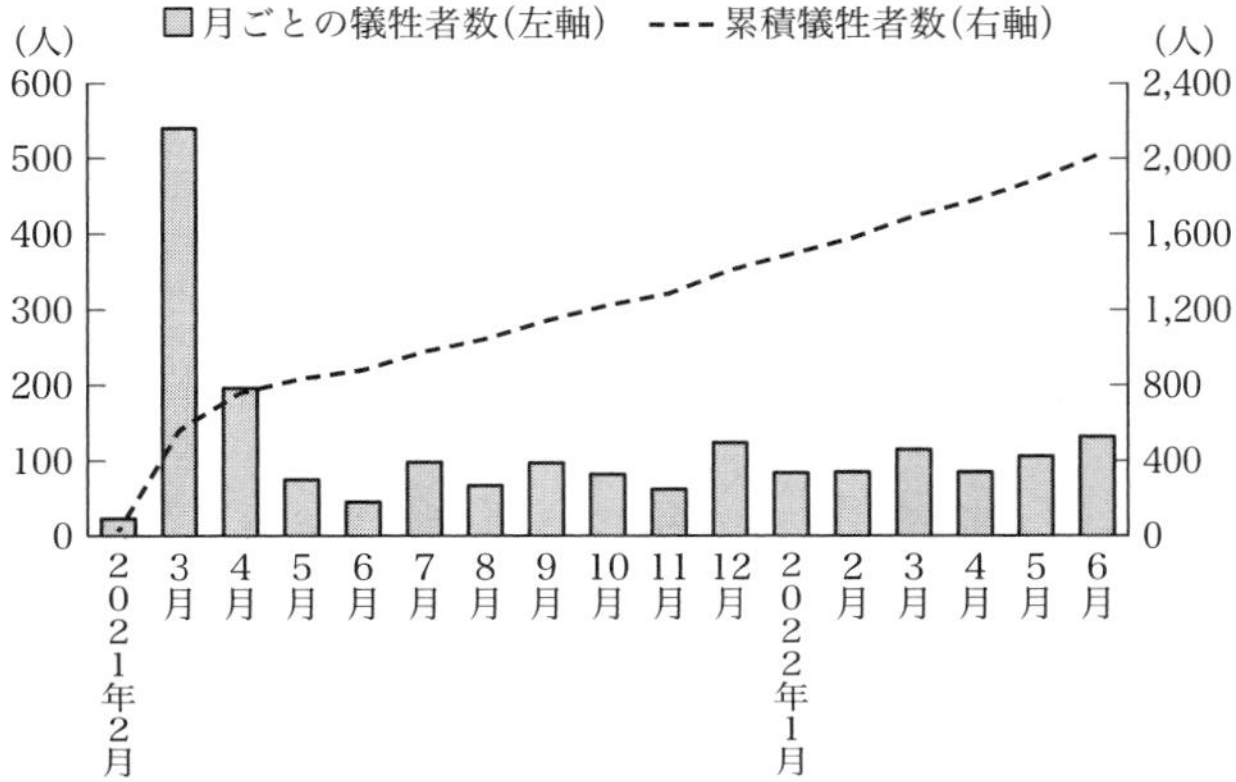

注）死亡日が確認できないものは含めていない
出所）政治囚支援協会(AAPP)データベースより作成

図表5-5　民間人犠牲者数の推移

難民の発生地域は、ザガイン管区が最も多く約三三万人、それに同じく北西部にあるチン州とマグエ管区を合わせると約四二万人となる。政変後初期に州都で激しい戦闘があった南東部のカヤー州とシャン州南部、そしてKNUとの戦闘が続くカイン州で約二三万人が避難している。政変前の国内避難民は北部のカチン州と西部のラカイン州で発生していたから、政変でその範囲が拡大し、いまや全国に国内避難民が発生している状況だ。

支援が最も必要な地域への人道支援に軍は消極的で、現場での支援活動が妨げられている。さらに支援関係者の犠牲も出ている。二〇二一年一二月二四日にカヤー州の路上で検問中の軍が、民間人を含めて少なくとも三五人を殺害した事件では、国際NGOであるセーブ・ザ・チルドレンのスタッフふたりが犠牲者に含まれていた。戦闘員と民間人を区別しないことが多い軍の前では、人道支援活動にも危険がつきまとう。

経済の落ち込み

経済もまた苦境に立たされている。二〇二〇年度の成長率推計はマイナス一八％(世界銀行)と大幅に落ち込んだ。二一年度も三％程度の低成長か、マイナス成長になるものと予測されている。クーデターだけが原因ではない。そもそも新型コロナ禍での落ち込みがあり、さらにクーデター後の混迷が打撃を与えた。新型コロナ(Corona)、クーデター(Coup)、市民的不服従運動(CDM)、そして紛争(Conflict)という4つのCが経済に大きなダメージを与えた。

国連開発計画(UNDP)によると、クーデターから約半年後の各企業の生産活動は、潜在力の約五七％に留まった。そのため、約一〇〇万人が職を失ったと推計されている。スーチー政権下で低下していた貧困率も、新型コロナ禍の影響と合わせて上昇し、全人口の約半数にあたる二五〇〇万人が、再び貧困線以下の生活を余儀なくされる可能性を指摘している。

こうした経済の急激な落ち込みは、政変後の混乱で国内での需要が低下したことにくわえ、治安情勢の悪化が流通を困難にし、金融システムが麻痺したことが原因である。さらに、急激な現地通貨(チャット)の下落による資源調達のコスト高、燃料価格の高騰によるインフレも市民生活に打撃を与えている。貿易赤字が膨らんでいて、このままでは輸入の決済などに使う外貨が不足することも懸念されている。

米国、EUなどの制裁がミャンマー経済に与えた影響は、ビジネス上の利益にまつわるリスクだけでなく、企業のブランドイメージや社会的評価にかかわるリスク、いわゆる「評判リスク」を上げる効果である。天然ガス田事業に出資してきたトタル(仏)やシェブロン(米国)、食品卸事業を展開してきたメトロ(独)、たばこ事業に参入していたBAT(英国)、軍系企業とともにビールの生産・販売を行ってきたキリン・ホールディングス(日本)、同じく軍系企業との合弁で鉄鋼事業を拡大してきたポスコ(韓国)などが、クーデターから一年の間にミャンマーからの撤退を表明した。

政変から時間がたつにつれて、一時の危機的状況から経済は脱しつつあるものの、クーデター後の混迷で内外企業の投資意欲が削がれており、その回復には限界がある。

経済危機に対処する能力を軍は持たない。変動為替相場制から管理為替相場制への転換を繰り返したり、外貨を現地通貨に強制的に交換するよう企業に求めたりと、対応はちぐはぐだ。ミンアウンフラインは貿易赤字を減らすために食用油の使用を減らすように国民に訴えかけており、政策的な合理性は乏しい。ミャンマーの軍事政権は、いわゆる開発体制とは違って、官僚層の存在感が薄いため、軍人の思いつきによる不合理な政策が今後も続くだろう。

より長い目でみれば、軍のもとで政府の信頼が根本的に失われ、公共財の提供が十分にできなくなり、それがもたらす長期的な影響が懸念されている。電力や道路などの公共インフラは日増しに悪くなっている。欧米の制裁を気にかけない企業があったとしても、電気と水が安定して供給されないところで事業を営むことは難しい。また、学校に十分な教員がおらず、生徒たちも登校しないといった状況が長く続けば、社会を支える人材の質や生産能力を確実に低下させる。市民的不服従運動参加者が多かった保健省の機能不全で、世界の感染症対策からミャンマーが取り残される可能性もある。

大理石の仏像

抵抗勢力への強硬姿勢のもと、ミンアウンフラインが積極的に進めてきた事業がある。首都に大理石製の巨大仏像を建設する計画だ。高さ約一九メートル、重さ一七二〇トンの座像。台座も含めると二五メートルの高さとなり、重さは四七八〇トンになる（GNLM 26 March 2021）。ちなみに奈良の東大寺にある銅製の大仏は、高さ一五メートルで重量三八〇トンだから、それよりもずっと大きい。目的は、仏教の繁栄を示し、平和と安定を確固たるものとするためとのことである。

市民の抵抗に苛烈な弾圧を加えているさなかに、巨大仏像の建設構想について語るミンアウンフラインの姿にわたしたちは戸惑う。なにかパラレルワールドが存在しているようにも感じるだろう。だが、仏教ナショナリズムの最右翼に近い軍とそのボスに違和感はないはずだ。民主化勢力が軍への抵抗を正義のための戦いだと考えているように、軍もまた、自分たちの正義の実現を目指している。

正義や価値観の対立に妥協は難しく、戦いは長引き、犠牲は甚大となる。宗教や民族主義、イデオロギーがいかに人を殺し、社会の停滞を生んだのかを、わたしたちは歴史を通じて知っている。むろん、だからといってすべての正義を相対的なものとみなすべきと言うつもりはない。相対主義は現状追認と同じだ。ただ、正義を唱えるばかりで行動を起こさなければ、それもまた現状追認とさして変わらない。

ミャンマーでは、対立する勢力間の和解どころか、対話すら困難な状況である。世界はほぼ手をこまねいているだけだ。本当になにもできないのか。だとすると、それはなぜなのか。ミャンマー危機をめぐる国際政治について、次章では考えたい。

第6章　ミャンマー危機の国際政治（一九八八―二〇二一）

2020年1月，スーチーと習近平（AP/アフロ），
ミンアウンフラインと習近平（新華社/アフロ）

ミャンマーはいつも、大国のはざまにあった。

この国の最北端にあるカカボラジ山は、東南アジア最高峰の山である。急峻な山々が連なるヒマラヤ山脈の東端に位置し、標高は五八八一メートル。ながらく立ち入りが許されなかったことから、「アジア最後の秘境」とも呼ばれた。

ここから南東は標高がなだらかになり、ヒトやモノの往来がしやすくなるため、陸路の場合、ヒマラヤ山脈に阻まれる中国文明とインド文明は、迂回してミャンマーを含む現在の東南アジア大陸部で交わった。一九世紀初頭、デンマーク生まれの地理学者マルテ＝ブルンと、スコットランド人の言語学者ジョン・ライデンが、この地域を、それまでの「外インド」(exterior India)ではなく、多分に地政学的なニュアンスを込めながら、インドと中国(支那［シナ］)を合わせて「インドシナ」(Indo-China)と呼んだのも、そのためである(Brocheux 2009)。

帝国主義の時代、この地域はイギリスとフランスがしのぎを削る場となる。タイのチャクリー王朝は緩衝地域として独立を維持した。一方でタイに接する西側のミャンマーと、東側にある現在のラオス、カンボジア、ベトナムは、それぞれイギリスとフランスの植民地周辺部に組み込まれた。太平洋戦争の終わりとともにはじまった冷戦では、この地域は直接対決を避ける東西大国のはざまになる。ベトナム、ラオス、カンボジアは独立戦争から冷戦下の熱戦に突入していった。一方でミャンマーは、独立こそ平和裏に実現したものの、その直後から内戦状態となり、一九六二年に国を閉じた。

タイのチャートチャーイ・チュンハワン首相が「戦場から市場へ」というスローガンで、インドシナ全体の経済開発を唱えたのは一九八八年。分断と戦争が続いたインドシナでも、ヒト、モノ、カネ、情報のグローバル化が進む。東南アジア大陸部を挟む中国とインドは、もはや落ちぶれた文明圏でも、巨大な発展途上国でもなく、これからの世界の秩序と経済を左右する大国になろうとしていた。

ミャンマーは、こうした外の大きな力に翻弄されてきた国である。大文明、帝国主義、冷戦下の大国政治のはざまにあったことが、この国の対外政策を構造的に規定してきた。どうして軍は自ら国際的孤立の道を選ぼうとするのか。国際社会はミャンマーの現状になぜ手を打つことができないのだろうか。

1　ミャンマー軍と外交

ミャンマー外交の歴史は長い孤立とつかの間の開放の歴史である。その概要を、自国の意思と、他国から強いられたもの、双方の視点から振り返っておこう。

非同盟・中立とその変化

ミャンマーは独立以来、非同盟・中立を外交の基本方針としてきた。

一九五四年に周恩来首相(中国)とジャワハルラール・ネルー首相(インド)との間で確認された平和五原則(領土・主権の相互尊重、相互不可侵、相互内政不干渉、平等互恵、平和共存)に賛同し、これと合わせて、非同盟・中立を外交原則として掲げる。

だが、実際の対外政策は時代によって違いがある。独立からしばらくは、積極的な非同盟主義であった。一九五五年にインドネシアのバンドンで開かれた第一回アジア・アフリカ会議(バンドン会議)に、同会議の開催を主導した「コロンボ・グループ」の一員としてウー・ヌ首相が出席している。ちなみに当時、ミャンマーのひとつのモデルとなったのはユーゴスラビアである。当時のユーゴスラビアは、指導者チトーのもと、多民族をまとめる分権的な社会主義国を目指し、ソビエト連邦とも袂を分かつ独自の外交スタンスをとっていた。

一九六二年、クーデターで政権を奪取した軍が方針を転換し、鎖国と言われるほど外交関係を制限した。この外交政策の転換は、序章でも触れたように、軍の安全保障戦略と密接に関連している。大国による介入のリスクを最小限にしながら、国内の反乱勢力の鎮圧に専念して国民統合を保つという目的に外交は従属した。ミャンマーの国際的孤立はここからはじまる。

さすがに鎖国状態では経済が行き詰まってしまい、一九七〇年代半ばに対外関係の部分的な開放に舵を切った。そこで支援の手を差し伸べたのが日本政府だった。一九七六年に東京で「対ビルマ援助国会議」を主催し、七八年からは政府開発援助(ODA)が拡大する。

ところが、再び孤立の時代が訪れる。一九八八年にクーデターで誕生した国家法秩序回復評議会(SLORC)は、外交上の開放路線に転換したものの、民主化勢力の弾圧によって国際的非難を浴びた。米国は大使を本国に召還し、日本からの援助も三分の一程度まで減少する。世界の一極化が進んでいた一九九〇年代に、米国を敵に回した代償は大きかった。

米国——無関心から敵対へ

軍事政権時代の米国とミャンマーとの関係をより詳しくみておこう。ミャンマーと米国の関係は、一九六〇年代から二〇一〇年代にかけて、無関心から敵対、そして友好へと揺れた。

冷戦期の米国にとってミャンマーの戦略的意義は低かった。両国関係を示す例として、一九六六年九月三日にディーン・ラスク国務長官からリンドン・ジョンソン大統領に提出されたメモがある。これは当時の最高指導者であったネーウィンがワシントンDCを公式訪問する前に準備されたものだった。「ミャンマーには東南アジアでの国際紛争に関わらずにいるという願いがある。それは我々もまた同じだ。これが今日の米国とミャンマーの間で一致した唯一の利益(である)」とそのメモにはある。ソ連とも中国とも距離を置いている限り、米国はミャンマーの内政に関心を持たなかったということだ(Clymer 2015)。

ところが、一九八八年の民主化運動とそれへの弾圧を機に軍事政権の対応が変化する。米国は圧力重視の制裁外交を展開した。ミャンマーにかかる国益は乏しく、人権や民主主義といった「普遍的価値」に重きを置いた。弾圧でスーチーの処遇が悪化する度に、制裁のレベルが上がった。人権と民主化運動のシンボルとなったスーチーの動向が外交政策を左右したといってもよい。

ひとりの人物の動静に外交が左右されることを批判する声は米国内にもあったが、議会の声にかき消された。米国上院議員で共和党所属のミッチ・マコネルや、同じく共和党所属の上院議員であるジョン・マケイン、民主党所属のジム・ウェブ上院議員、現大統領で上院の外交委員会委員長を務めていたジョー・バイデン、議員ではないが、ビル・クリントン政権で国務長官を務めたマデレーン・オルブライトなどが、米国のミャンマー政策に影響を与えた代表的な人物だ。ミャンマーの民主化問題に関心を持つ党派を超えた大物議員たちが、常に米国の強硬な対ミャンマー政策を支えた。

ビザ発給停止、金融サービスの制限、資産凍結、輸入制限、新規投資禁止、援助停止、と次第に制裁対象も広がった。あくまでミャンマーと米国との二国間の問題ではあるものの、世界の標準的な決済通貨である米ドルの使用が制限されては経済活動全体に影響が及ぶ。また、米国財務省が公表している「特別指定国民および資格停止者リスト」(SDNリスト)は、国際的な警告となり、特にグローバル企業にとっては、「評判リスク」を測る基準となった。

中国——巨大な隣国

もうひとつの大国である中国との関係はどうだろうか。

ミャンマー政府は独立以来、中国に対して常に警戒感を抱いてきた。約二〇〇〇キロの国境を接する巨大な隣国なのだから当然だろう。ただし、敵対して勝てる相手ではないため、警戒の一方で、ビルマ語で血を分けた兄弟を意味する「パウッポー」(胞波)と呼ばれる友好を維持してきた(Maung Aung Myoe 2011)。友好と緊張が混じり合う関係だ。

一九四九年一〇月に中国で成立した共産党政権を、世界の非共産圏のなかで最初に承認したのはミャンマーだった。一九六〇年には国境が画定して、相互不可侵条約も締結されている。国境の画定については、いまとなっては想像できないが、中国が係争地帯の八二%をミャンマーに譲るかたちで合意していた。隣国との関係構築を急ぐ周恩来の決断だったという(Fravel 2005)。その後、ネーウィンの閉鎖的な中立主義への転換が起き、さらに一九六七年にヤンゴンで反華人暴動が勃発。中国でも文化大革命の混乱があり、両国関係は停滞した。

両国関係が再び改善したきっかけは一九七八年の鄧小平によるヤンゴン訪問である。公然の秘密であった中国共産党からビルマ共産党への支援も減少する。ビルマ共産党は東部の国境地帯へと追いやられていった。一九八〇年代後半には国境貿易がはじまり、新しい時代の到来を予感させた。

一九九〇年代に入ると、両国は民主化運動弾圧(一九八八)と天安門事件(一九八九)で、ともに国際的に孤立するなかで関係性を深めていく。当時目立ったのは、経済協力よりも中国からの軍備の提供である。一九八七年から一九九七年の間に、中国から一一・六億ドル分の武器・装備品が、ミャンマー軍に売却された。これは同時期のミャンマーの武器輸入全体の八四%を占めている(Selth 2002)。軍の近代化というミャンマー軍の期待に中国が応えたわけである。

経済面での中国の影響が強まったのは主に二〇〇〇年代のことだ。二〇〇〇年時点での最大の輸入相手国は、タイと中国がほぼ並んでいた。その後、輸出入両面で、ミャンマー・中国間の貿易総額は急速に拡大し、ミャンマーの対中依存も高まっていく。結果、二〇一〇年には全貿易の二九・四%が中国を相手国とするものになっていた。背景には、貿易・投資・援助が三位一体となった中国による援助外交があった。多くが国営企業を事業主とする「ヒモ付き」の援助であり、特に途上国での資源開発と中国製品の輸出振興を目的とした(小林 2007)。

中国のミャンマーに対する援助額は、二〇〇一年の約二億ドルから二〇一〇年には一三億ドルを超えたとされる。支援のひとつの柱が、中国国内のエネルギー需要の増大に対応する資源開発と資源の調達経路の確保だった。ミャンマーはオフショアに豊富な天然ガス埋蔵量を持っていた。また、翡翠、銅、レアメタルのような鉱物資源や森林資源がまだ開発途上で、同国が国際的に孤立するなか、先乗りすれば有利な条件での契約が可能とみられていた。

二〇〇九年には両国間で天然ガスパイプラインと石油パイプライン敷設が合意に至る。計画はラカイン州のチャウピューにあるマデー島から、ミャンマーを縦断して中国の国境まで全長約七七〇キロ。さらに、雲南省瑞麗市から中国国内に入り、天然ガスパイプラインは昆明を経由して貴港まで、石油パイプラインは昆明を通って重慶までと、ともに全長約二〇〇〇キロを超える壮大なものであった。

この計画はミャンマーをランドブリッジとして中国が太平洋とインド洋双方にアクセスする「両洋戦略」の一環となり、その後、第一二次五カ年計画の重点プロジェクトに組み込まれた。天然ガスは二〇一四年、石油は二〇一七年に輸送がはじまっている。

以上のように、ミャンマー・中国関係は、一方の国際的孤立と、もう一方の政治経済的な影響力の増大を背景に変容してきた。決して一方的な搾取ではなく、双方が利益を得る取引関係ではあった。ただし、ミャンマーの国際的孤立を条件としている以上、非対称的な関係だったことは確かだろう。この非対称性への警戒が、民政移管後のミャンマーの「中国離れ」につながる。

2 民政移管後の外交「正常化」

テインセイン外交

第4章でみたように、民政移管と指導者の交代で、ミャンマーは大きく変わった。テインセイン大統領のもとで、政府の脅威認識が変わり、政策の優先順位も変わった。

テインセインが最も強く意識したのは経済問題だ。長く停滞した同国の経済発展を進めるにはどうすればよいか。ミャンマーが経済発展を目指すのであれば、欧米からの制裁を解くことが不可欠である。そのためには国内の政治対話、要するにアウンサンスーチーとの和解が最低条件となる。経済問題とは外交問題であり、外交問題とは政治問題だった。

この逆算が、二〇一一年八月のテインセインとアウンサンスーチーとの会談につながる(第3章)。その三日後の議会演説でテインセインは、その約半分を費やして国際金融制度、国際社会の安定、地域機構への積極的な関与について語っており、軍事政権時代の対外関係への過剰な警戒はみられなくなっていた。

その後も、民主化勢力と国際社会との長年の要求に合わせて、政治犯を二〇一三年末までに一〇七一人釈放し、さらに、二〇〇〇年代に活発化して二〇〇七年には国交を回復していた北朝鮮との軍事協力関係を停止した。

テインセイン政権による改革が続いていたとはいっても、社会統制の緩和や、経済の自由化だけでは制裁を緩和するには不十分だっただろう。対外関係、なかんずく欧米諸国との関係改善に決定的な役割を果たしたのは、議員となったスーチーによる外遊と支援の要請である。

二〇一二年六月二〇日、二四年ぶりにロンドンの地を踏んだスーチーは、英国議会での演説で「もしこのチャンスを利用しなければ、我々が近いうちに民主主義を得ることはないでしょう。次のチャンスは数十年先になるかもしれません」と語った。チャンスを逃してはならないというメッセージは、一五年二カ月にわたって自宅軟禁下にあった彼女が語ると重みをもって響く。

米国の転換

米国の対ミャンマー政策は二〇〇九年一月のバラク・オバマ大統領就任で転換した。二〇一一年には「アジア回帰」(Asia Pivot)が唱えられ、米国のアジア政策見直しの一環として対ミャンマー関係も見直された。

最初に米国が政策転換を示唆したのは、二〇〇九年二月一八日である。ジャカルタにあるASEAN本部を国務長官としてはじめて訪問したヒラリー・クリントンは、制裁が軍事政権に有効な打撃を与えられなかったことを認め、異なる方途を探っていることを明らかにした。二〇一一年一一月にはインドネシアのバリに滞在していたオバマ大統領が声明で、新政権による一連の改革を高く評価し、前日に電話でスーチーから支持を得たうえで近くクリントン国務長官を同国に派遣すると表明した。そして、一一月三〇日のクリントンによるミャンマー公式訪問が潮目を変える。

ミャンマーの国際関係は「正常化」の方向に向かって急加速した。国務長官に続いて、二〇一二年一月にマコネル上院議員がミャンマーを訪問してスーチーと会談。このあと、オバマ政権と有力議員との間で合意があったのだろう。翌月から大統領主導による制裁の緩和がはじまった。二〇一二年五月には金融制裁が解かれ、九月には国際機関によるミャンマー支援を認めるようになった。一一月にはオバマ大統領自身が米国の大統領としてはじめてミャンマーを訪問し、ミャンマー製品の米国向け輸入の禁止が解除された。

オバマ大統領はヤンゴンでの演説で、米国の民主主義の歴史とその仕組みについて語ったあと、北朝鮮やシリアに平和と繁栄への道を選ぶように呼びかけた。そうすれば、ミャンマーのように、米国の手が差し伸べられるであろうと続けた。ミャンマーの改革を支援する意図は、世界の「パーリア国家」(国際的に批判され、制裁などを通じて疎外された国)に対してシグナルを送ることにもあった。

中国離れ?

狙い通りに欧米との接近が進むなか、テインセイン政権は中国から距離をとる。

中国離れの例として、ミッソンダム建設の一時凍結をあげよう。このダムは、中国電力投資集団公司がミャンマーの最北部にあるカチン州のエーヤワディ川上流のミッソンに、六〇〇〇メガワット級の水力発電所を建設するという総額三六億ドルのプロジェクトだ。同プロジェクトについては、住民の立ち退き時の人権侵害や環境破壊の懸念を理由にNGOなどから批判の声があがっていた。スーチーも懸念を表明していた人物のひとりである。

そうした声が政権に届くことは難しいとみられていた。軍事政権時代の開発プロジェクトで環境へのリスク評価や住民への説明などは軽視されていたので、新政権にも期待できなかったからだ。ところが、二〇一一年九月に、テインセイン大統領は同計画を中断し、自身の任期中には再開することはないと発表する。すでに建設がはじまっている中国の大型インフラプロジェクトを一方的に中断するのは英断であった。中国に近かった副大統領はこのとき辞任しており、政権内でも意見が分かれていた。

もちろん中国は不満を表明した。すでに認可済みの投資で工事は始まっていた。中国外務省が建設中止に適切な処置をとるようミャンマー政府に要求する。民政移管前まで温家宝首相が訪問するなど、ミャンマーとの戦略的パートナーシップを強化する姿勢をみせていた中国だが、同プロジェクトの停止以降、要人のミャンマー訪問は目に見えて減った(Sun 2012)。直接投資(認可ベース)は二〇一〇年度をピークに減少に転じる。もはや軍事政権時代のように、トップダウンでインフラや資源開発に大規模投資を行える時代ではなくなったのだ。

ただ、両国関係が極端に悪化したわけではない。一時的に低迷しながらも両国間の戦略的パートナーシップ関係は常に確認されてきたし、政府間の開発プロジェクトが困難に直面する傍らで、民間セクターによる対ミャンマー投資は増え、中国からミャンマーへの輸出も堅調に拡大していった。直接投資も二〇一三年度から上昇に転じた。ミャンマーの政治環境の変化を機に、両国の経済関係も変容していったのである。

スーチーの現実主義

二〇一六年のスーチー政権誕生でミャンマーの外交政策がどう変わるのかが注目された。長年、欧米諸国がスーチーを積極支援したことを考えると、テインセイン政権期の揺り戻しで、ミャンマーの「中国離れ」がさらに加速するのではないかという予測もあった。

しかし、そうはならなかった。スーチー外交は予想以上に手堅いものだった。彼女は、最初の外遊先に中国を選ぶ。また、二〇一七年五月に北京で開催された「一帯一路」国際協力サミットフォーラムにも参加し、同年一〇月には中国共産党第一九回全国代表大会にも来賓として出席している。ミャンマー世論に根強い反中感情があるため、中国寄りという印象を国民に与えないように注意してはいたものの、中国との友好関係を強化したといえる。

これは、ミャンマーを取り巻く環境を考えれば不思議なことではない。二〇一六年時点で、ミャンマーの対中国貿易は、輸入が四一億ドルで全体の三六%、輸出が三四億ドルで全体の四〇%と依存率は高まっていた。認可ベースの海外直接投資額は、年によって上下はあるものの、中国は常に上位三位のなかにいる。

また、内政上の施策にとっても中国は鍵だった。スーチー政権が最重要課題とする少数民族武装勢力との停戦交渉を進めるうえで、いくつかの有力な武装勢力は中国国境に本拠地をかまえており、中国の協力が停戦交渉に必要だったからだ。対して、ミャンマーの変化に適応する必要のあった中国も、スーチー政権への協力姿勢を示す。最大の少数民族武装勢力であるワ州連合軍（UWSA）が主導してKIOなど六つの武装組織とともに結成した連邦政治交渉顧問委員会（FPNCC）は、政府が目指す全国停戦合意のための交渉に協力的ではなかったが、中国の要請を受けて出席した。

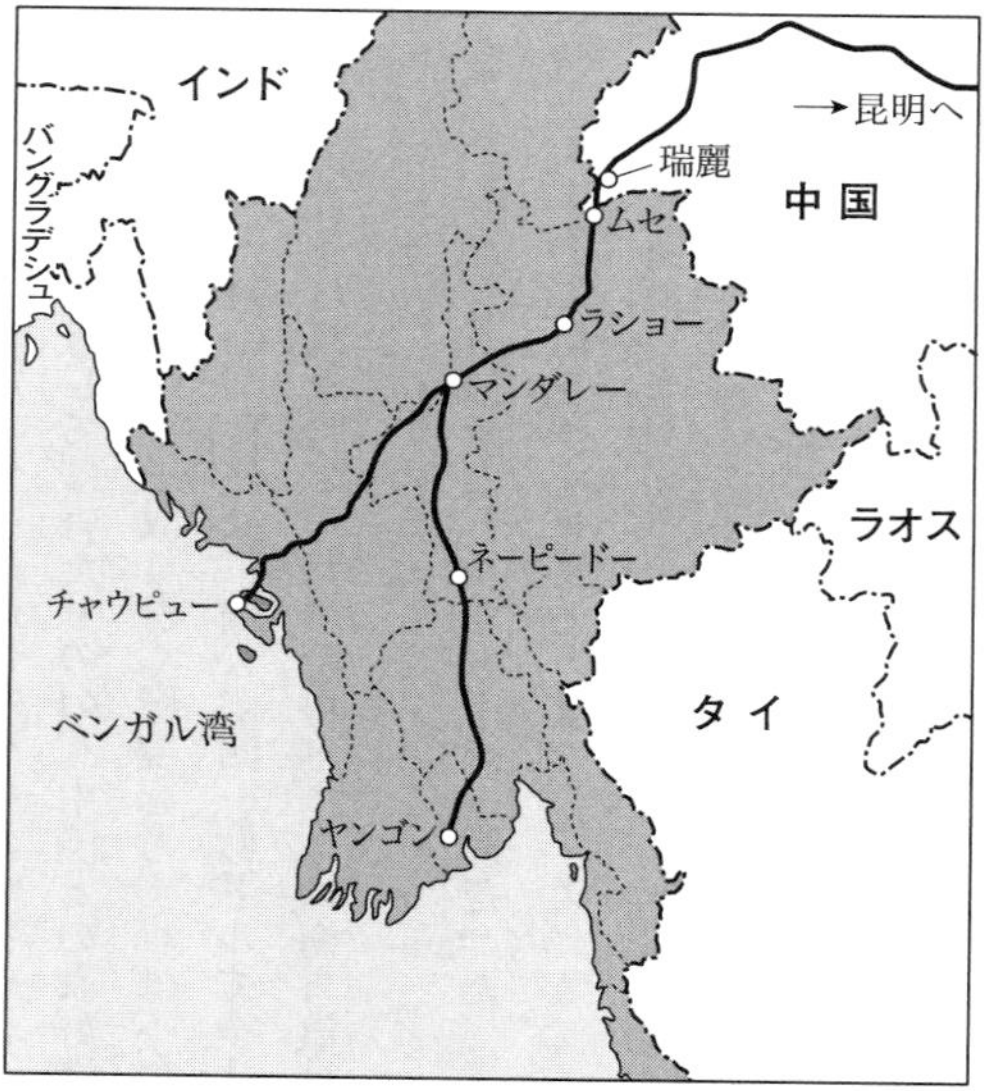

図表6－1　中国・ミャンマー経済回廊（CMEC）の鉄道・道路建設計画

　中国が狙うミャンマーを通じたインド洋へのアクセスも、中国・ミャンマー経済回廊（CMEC）計画として再始動させた。この計画は、三つの経路（①国境の町ムセからマンダレー、②マンダレーからヤンゴン、③マンダレーからチャウピュー）での道路および鉄道敷設計画から成り立っている（図表6－1）。かつて軍事政権時代に合意された、ラカイン州のチャウピューから雲南省へのガス・石油パイプライン計画に含まれていた鉄道、道路敷設計画の新バージョンになる。従来の計画にマンダレー・ヤンゴン間の輸送路開発を新たに組み込むことで、ミャンマー政府にインセンティブを提供したかたちだ。同提案にミャンマー政府は合意し、二〇一八年九月にはCMEC開発のための一五点からなる覚書（ＭｏＵ）に調印した。

他にも、ラカイン州チャウピューにある経済特区の深海港、ヤンゴンの都市開発など、両者の協議が進んだ。政府関係者や実業家だけでなく、ＮＬＤの党関係者が中国に招聘され、筆者の知人にも、中国を訪問してその発展ぶりに圧倒されたものが多くいる。そう簡単に対中警戒や反中感情がミャンマーから消えることはないにしても、新しいミャンマーの環境に中国は確実に適応していた。

ロヒンギャ危機の余波

対中関係に比べると、自由主義諸国との関係は政権発足からまもなくして困難に直面する。ロヒンギャ危機の発生がその原因だ。

第3章、第4章で記したように、二〇一二年に端を発する仏教徒とムスリムとの間の宗教対立は、二〇一七年にラカイン州北部での大規模な武力衝突に発展した。軍は広範な地域で掃討作戦を実施。掃討作戦中、残虐行為が各地で発生した。バングラデシュが人道的な配慮から国境を開放したこともあって、四カ月ほどの間に六〇から七〇万人の難民が流出する。深刻な人道危機の発生である。

ミャンマー軍に対する国際社会の批判が強まった。ロヒンギャに対する掃討作戦を、ジェノサイドや「人道に対する罪」だとする指摘が国際社会で湧き上がる。対して、スーチーは軍の行動を擁護した。テロの脅威に対処したという軍の説明を彼女も繰り返したのである。多くのひとびとには、人権のシンボルだったはずのスーチーが、権力者となるや豹変して、軍によるムスリムのジェノサイドを肯定しているように映っただろう。

翌年には国連人権理事会が設置した独立国際事実調査ミッション（ＩＩＦＦＭ）が大部の報告書を発表し、軍の掃討作戦による国際法違反の可能性を指摘して断罪した。ローマに拠点を置く国際刑事裁判所（ＩＣＣ）も捜査に乗り出し、オランダのハーグに本拠地のある国際司法裁判所（ＩＣＪ）には、二〇一九年一一月にガンビアがジェノサイド条約（正式名称は「集団殺害罪の防止及び処罰に関する条約」）違反を理由に、ミャンマーを提訴した。

二〇一九年一二月、ハーグの法廷で開かれた公聴会でスーチーは、ジェノサイド条約違反を否定しながら、軍による戦争犯罪の可能性は否定しないという口頭弁論をする。「軍兵士が国際人道法をいくらか無視して行き過ぎた武力行使に及んだことを否定するものではありません。また、彼らがアラカン・ロヒンギャ救世軍（ＡＲＳＡ）の戦闘員と民間人を十分に区別しなかったことも否定はしません。戦闘のあとで人がいなくなった村々で、民間人が村に残された財産を略奪したり、破壊したりする行為を阻止できなかったこともあったのかもしれません」。

軍が隠然と影響力を持ち、反ロヒンギャ感情が強い国民からの支持を頼りに政権を獲得した

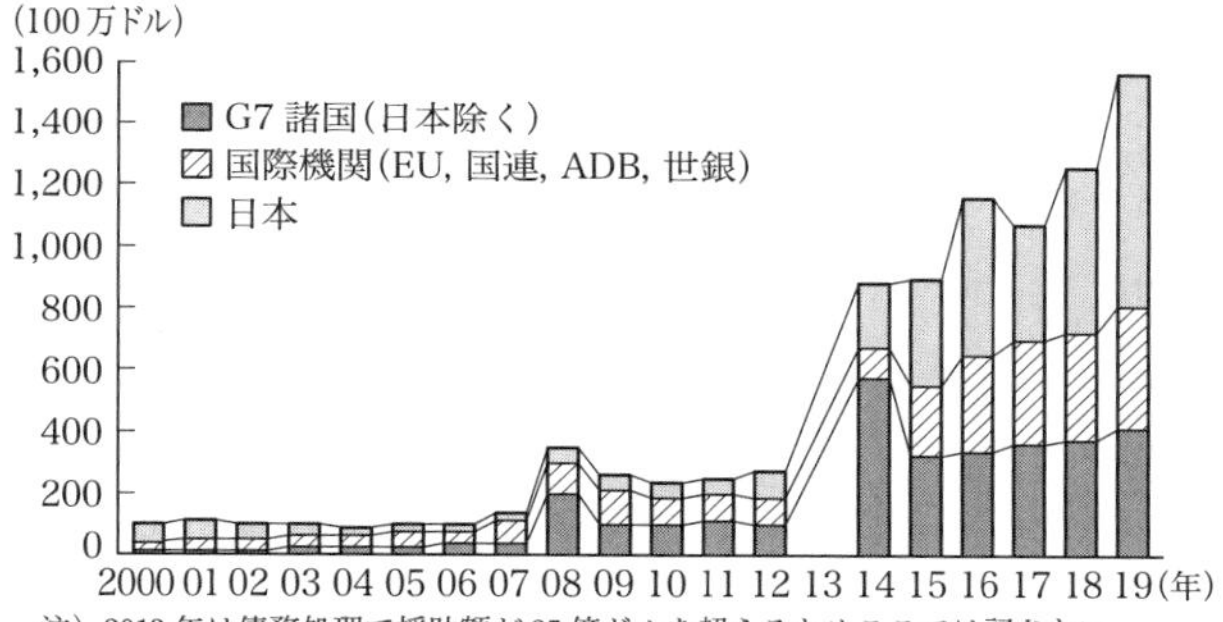

注）2013年は債務処理で援助額が25億ドルを超えるためここでは記さない
出所）OECD DAC の International Development Statistics

図表6-2　ミャンマーへの対外援助(2000—2019年)

スーチーにとっては、これでぎりぎりの発言だっただろう。だが、所詮それは国内政治の話に過ぎない。国際社会はそんなことに配慮はしない。軍によるジェノサイドがあったことは疑いの余地がないものとみなされていて、国際法定でジェノサイドを否定したことで、スーチーの国際的な評価は失墜した。

米中対立という文脈

欧米諸国でのスーチーの名声は地に落ちたが、国自体が孤立に陥ったわけではない。図表6-2は、日本を除くG7諸国(イタリア、カナダ、米国、英国、フランス、ドイツ)と、国際機関(欧州連合、国連、アジア開発銀行、世界銀行)、そして日本によるミャンマーへの援助(有償、無償)を比較したものである。民政移管後に支援が急増し、スーチー政権成立後も着実に伸びたことがわかる。その流れは、ロヒンギャ危機後も停滞することはなかった。最大の要因は中国の影響力抑止のためである。

　前述のように、ミャンマーは中国にインド洋に直結するルートを提供する地政学的に重要な位置にある。そもそも東南アジアの海域は、中東・アフリカ諸国、南アジアとの海上輸送貿易が集中する航路である。さらに、マラッカ・シンガポール海峡、ロンボク海峡、スンダ海峡といった、狭い海峡(チョークポイント)を多くの商船が通航する。特にマラッカ海峡は年間九万隻が航行するアジアの海の生命線で、中国の石油輸入の八割がこのルートで東の沿岸部に送られていて、中国経済の生命線だともいえる。海峡の狭さゆえに封鎖時の余波が大きいことから、「マラッカ・ジレンマ」と呼ばれる。

　二〇一二年に米国・国立戦略学研究所(INSS)のトーマス・ハムズが、同海域を封鎖する「オフショア・コントロール」を提唱した(Hammes 2012)。中国との武力紛争勃発時に、核戦争のような物理的な破壊を伴う争いを回避しつつ、長期的消耗戦を有利に進めるための戦略である。この戦略の実現が可能かどうかは置くとしても、同海域を含む東南アジア諸国を経済、安全保障面でいかに抱き込みながら、この海域をルールにもとづく国際秩序が貫徹した海とするかが、自由主義圏の対中外交を考えるうえでも重要なポイントとなる。

　もちろん、中国がこうした弱みを放置するわけはない。一帯一路構想で、インド洋からアラビア海へとつながる「海上シルクロード」の推進が謳われ、その目的のひとつがマラッカ・ジレンマを回避する代替経路の確保であった。うち、アラビア海からパキスタンを通って中国西部につながる中国・パキスタン経済回廊(CPEC)と、ミャンマーを通ってインド洋と雲南省をつなぐCMECは、海と中国内陸を連結する重要プロジェクトと位置づけられた。

台湾有事の懸念が強まるなかで、ロヒンギャに対するジェノサイド疑惑があっても、自由主義圏の国々がミャンマーを国際社会につなぎとめた最大の理由はここにある。ジェノサイド疑惑はあくまで軍の責任として、スーチー政権が民主的に選ばれた政権である以上、支援の継続が優先された。

ロシアによるバランシング

その一方で軍は国際社会から孤立していく。英国と米国は、将校の訓練やセミナーなどの防衛交流を停止した(オーストラリアはクーデター後に停止)。軍幹部の外国訪問も、海外からの要人来訪も、欧米諸国との間の交流は激減した。

とはいえ、そもそも英米との防衛協力は、民主制下の軍隊やリーダーシップに関するセミナーや講義、英語教育などといった、まったく初歩的な訓練プログラムに過ぎず、今後の発展を見越していた段階で停止されたので、軍の実態にはほとんど影響はない。一方で、軍事面での関係がより深い中国、ロシア、インドとは引き続き友好関係が維持された。

ここで、ロシアとミャンマー軍との防衛協力関係についてみておきたい。ロシアはミャンマー軍にとって中国への過度な依存を回避するためのバランサーとしての役割がある。両国関係が強化されたのは軍事政権時代にさかのぼる。主に二〇〇〇年にウラジミール・プーチンが大統領に就任して以降のことだ。

防衛協力がその中心だった。目立ったのは武器取引である。図表6－3はストックホルム国際平和研究所（SIPRI）のデータベースをもとに、ミャンマーに対する中国・ロシア、両国からの武器輸出量を示したものだ。一九九〇年代の中国による軍事支援の規模の大きさとともに、二〇〇〇年代にロシアからの武器輸入が増えていることがわかるだろう。一九九〇年代から二〇一〇年代までの三〇年間で全武器輸入の五八・一％が中国からで、三〇・一％がロシアからだ。二〇〇〇年代以降に限れば、両者の割合はほぼ拮抗し、ミャンマー軍が軍事的な中国依存を避けるべくロシアとの接近を試みていたことがわかる。

図表6－3　ミャンマーの武器取引

	1990–1999	2000–2009	2010–2019	全取引量に占める割合
中国	1591	262	1440	58.1%
ロシア	81	784	840	30.1%

注）単位はストックホルム国際平和研究所（SIPRI）が独自に使用する100万TIV
出所）SIPRI Arms Transfers Database

具体的な装備として目立つのは戦闘機だ。二〇〇一年から二〇〇二年にかけて、一〇機のMiG29（推定一三億ドル）が、二〇一一年から二〇一四年には合計二〇機のMiG29およびMi

G29Sが推定五七億ドルで納入されている。また、推定二〇億ドルで調達された六機のSu30MKが二〇一八年から配備された。それに合わせて訓練機であるYak130も調達している。こうして、二〇一〇年代のミャンマー空軍の発展をロシアが支えた。もっぱら歩兵頼みだった軍事作戦に、戦闘機による支援(エアサポート)が加わった。

他にも、技術将校を中心に多くの士官がモスクワに留学した。実数は不明だが、一九九〇年代末から一〇年間で少なくとも二五〇〇人がモスクワに留学したという。民生用原子力の開発計画についても両国間で進んでいたが(これがミャンマー軍の核開発疑惑を呼ぶ)、ミャンマー側の資金と人材の不足で頓挫したといわれている。

3 手をこまねく国際社会

二〇二一年二月一日のクーデターで、ミャンマーをとりまく国際環境が大きく変わった。軍が強弁する非常事態宣言という筋書きは国内外で説得力を欠いた。また、その後の市民への弾圧で、ミャンマー軍は国際社会でさらに劣勢に立たされるどころか、ほぼ理解不能の存在になってしまう。

米国、英国、EUは軍に対する圧力外交を展開した。クーデターから九日後の二月一〇日に、ジョー・バイデン米大統領自らが会見で、ミャンマー軍のクーデターを非難し、軍幹部に対する制裁と、ミャンマー政府の在米資産一〇億ドルの凍結を発表した。その後、軍の弾圧がエスカレートするにしたがって、軍関係者はもちろん、軍系企業や軍幹部の家族、一部の国営企業(宝石、木材、天然ガス関連企業)や武器取引にかかわる政商へと制裁の対象を広げた。

しかしながら、制裁外交に同調する動きは欧米という枠を越えていない。では、ミャンマー軍に対する国際協調のもとでの圧力を阻んだ壁とは何だったのか。

中国・ロシアの壁

国際協調には中国・ロシアの壁が立ちはだかった。中国については、クーデター直後に政変の黒幕ではないかという推測が流れたが、すでにみたように、スーチー政権下で両国関係は強化されていて、クーデターを望む理由はない。中国が最も望まないのは、この国の不安定化と不確実性である。クーデター後の混迷はまさに不確実性の高い状況で、反中感情が強まり、ミャンマー内の中国の国益も脅かされていた。クーデター直後には中国政府はミャンマー軍にパイプラインの保護を要請したという。

しかし、たとえ望まない状況だとしても、内政不干渉という大原則を変えることはない。中国自身が欧米から人権侵害を問題視され、最近ではウイグル人へのジェノサイド疑惑で激しく批判されている。民主主義や人権を盾に圧力をかける自由主義圏の国々を中国が牽制する姿は、国連などでも見慣れた光景だ。それがミャンマーでの政変後も繰り返されたわけである。

ロシアも欧米諸国に同調しなかった。中国と違い、ロシアがミャンマーで持つ国益は限定的なうえに、協力関係があるのはもっぱら軍事関連分野である。軍事政権が続けば当然、武器輸入は増える。カスタマーである軍を擁護する動機は強い。さらに、歴史家イワン・クラステフらが指摘する現代の権威主義に共通するイデオロギー、すなわち、「民主主義の考えに対する敵意」、「政治的競争への全般的な不信感」、「自国の政権交代をアメリカが密かに企てているという確固たる信念」を、ロシア政府とミャンマー軍は共有している(クラステフ&ホームズ 2021)。

国連の限界

中国・ロシアの動きは国連を機能不全に陥らせた。中国は国連の中核組織である安全保障理事会がクーデター直後に発出しようとした非難声明に反対。国際圧力は問題解決にはつながらないというのがその理由である。それにロシアも歩調を合わせた。

常任理事国二カ国が反対する以上、ミャンマー危機に対して、安全保障理事会が有効な手立てを打つことはできない。いまも、国連加盟国による経済制裁、武器禁輸措置、空爆を防止する飛行制限エリアの設定を求める声が、国連特別報告者や一部の国々、国際人権団体などから主張されているが、実現する可能性は薄い。

その一方で国連が得意とする仲裁外交もまた機能してこなかった。振り返れば、一九九〇年代からミャンマーの政治問題や人権問題の調査や仲介のために、国連は七人の専門家や特使を任命してきた（最初の専門家は一九九〇年に国連人権委員会ビルマ人権状況専門家に任命された緒方貞子元ＪＩＣＡ理事長）。二〇〇〇年以降、国連事務総長が任命した特使であるラザリ・イスマイルとイブラヒム・ガンバリも、軍事政権時代に目立った成果は上げられなかった。ミャンマーの政治外交を専門とするジャーナル「イラワジ」が、ミャンマーを「国連外交の墓場」だと形容したほどだ。

ロヒンギャ危機後にミャンマー特使に任命されたスイス人のクリスチャン・バーグナーは、政変後に関係者間の対話を進めるべく精力的に活動していたが、ほぼ前進がないまま、後任のシンガポール人であるノエリーン・ヘイザーにその役割を引き継いだ。

ミャンマー軍と国連との関係の悪さは、国連機関のミャンマー国内での活動にも影響している。国連は軍にとって、中立的な存在にはみえていない。

働きかけの限界

圧力外交とは違うアプローチをとったのが、ミャンマーを含む東南アジア諸国一〇カ国がつくる東南アジア諸国連合（ＡＳＥＡＮ）である。ＡＳＥＡＮは政変直後から軍と接触して事態の打開を図った。

軍が任命した外相と最初に接触したのは、インドネシアのルトノ・マルスディ外相である。欧米や国連が非難と圧力に動くなかで、軍への直接的な働きかけを試みた。二〇二一年四月二四日にはインドネシアが主導して、ジャカルタでＡＳＥＡＮ緊急指導者会議が開催された。ミンアウンフラインも出席。クーデター後、最初の外遊であった。当時、ミンアウンフラインをＡＳＥＡＮの正式な会議に招くことには強い反発があったが、インドネシアのジョコウィドド大統領の意思もあって、ＡＳＥＡＮは軍との直接対話に踏み切ったのである。

ＡＳＥＡＮ本部の会議場に並んだソファーに各国指導者が腰掛けるなか、ミンアウンフラインは出席者にリーフレットを配り、三〇分以上かけて非常事態宣言の正しさを訴えた。

この会談の成果として、「五つのコンセンサス」が発表された。内容は以下の通りである。

①暴力の即時停止と全ての当事者の最大限の自制
②全ての関係当事者間の建設的対話の開始
③ＡＳＥＡＮ議長国特使による対話プロセス調停の促進
④ＡＳＥＡＮ防災人道支援調整（ＡＨＡ）センターを通じた人道支援

⑤特使及び代表団のミャンマー訪問時に全ての関係当事者と面会

ここでは二点について言及が避けられている。ひとつは、スーチーら軍に拘束されたひとびとの解放。もうひとつは、民主的な体制への復帰である。拘束者の解放については、会談中にミンアウンフラインがひどく抵抗勢力を非難したことから、議長声明での言及に留めたという。軍に歩み寄った姿勢に批判の声も上がったが、こうした会議の開催自体が異例のことで、内政不干渉と全会一致を原則とするＡＳＥＡＮとして、なんらかの成果を示すために妥協せざるをえなかったのだろう。

ＡＳＥＡＮとして歩み寄ったにもかかわらず、関与の試みは早々に行き詰まる。最大の原因はミャンマー軍が履行を渋ったからだ。ＡＳＥＡＮ指導者会議のわずか二日後に国営紙で、国内情勢が安定したあとにＡＳＥＡＮからの提案を注意深く考慮すると軍は発表した。履行の主導権を握ろうとしたわけである。その後、合意内容に含まれるＡＳＥＡＮ特使の活動についても、スーチーとの面会に軍が難色を示すなど協力姿勢は乏しい。

対してＡＳＥＡＮも強い態度に出る。二〇二一年一〇月半ばには、ＡＳＥＡＮ臨時外相会合がオンラインで開かれ、ＡＳＥＡＮ指導者会議にミンアウンフラインの出席を認めないことが決定された。この決定は、ブルネイ、マレーシア、インドネシア、シンガポールが強く求めたと伝えられる。軍関係者と軍事政権関係者をASEANのハイレベル会合から締め出すという異例の措置であった。

2021年，ASEAN指導者会議（Indonesian Presidential Secreteriat/Abaca/アフロ）

締め出しを求めた国々の名前をみるとわかるのは、ASEANの仲裁外交を難しくするASEAN諸国内の亀裂だ。東南アジアの大陸部にあるタイ、カンボジア、ラオス、ベトナムと、海洋部の諸国であるインドネシア、マレーシア、シンガポール、フィリピン、ブルネイには、ミャンマー危機への対応について温度差がある。

隣国タイは約二四〇〇キロの国境を接し、ミャンマーから天然ガスを輸入している。ベトナムは軍系企業がミャンマーの通信事業に投資している。両国ともミャンマー軍との関係悪化を避けたいはずである。カンボジア、ラオスはそもそもミャンマーに国益もなければ、人権や民主主義の促進にも後ろ向きだ。そうした国々に比べると、民主主義が規範として定着している（実態として定着しているかには議論がある）国が多い海洋部諸国は、ミャンマーへの態度もより強硬になる。このASEAN内での温度差が、今後ミャンマーへの働きかけをさらに難しくするだろう。

もうひとつ理解しておく必要があるのは、ASEANがこの二〇〇〇年代半ばからその役割を拡大してきたことである。二〇〇八年にASEAN憲章が発効し、二〇一五年にはASEAN経済共同体が設立された。域内で進む制度化が域外の国々への交渉力を生んでいった。国際社会に発言権を持てない国が多い東南アジア諸国にとっても、ASEANは「てこ」、すなわち、大国と交渉する外交手段になっていた(大庭 2014、白石 2016)。ミャンマー危機は、こうしたASEANの機能が拡大する流れに水を差した。それでも当初、融和路線でミャンマー軍との対話を重視したにもかかわらず、合意事項をいっこうに履行しないミャンマー軍に対して、ASEAN諸国の反発は強くなっていった。当然のことだろう。

変わる制裁

では、ASEANの働きかけが行き詰まれば、国際強調による圧力外交がより強まるのかというと、そういうわけではない。そもそも制裁の意味がかつてとは変わっている。

米国、英国、EUなどがミャンマーに対して課している制裁は標的制裁(targeted sanction)と呼ばれるもので、特定の人物やその家族、政府機関、企業などにターゲットを絞って、ビザの発給停止や資産凍結、取引の禁止といった措置を課すものだ。対象が限定的なので、実際に与える被害は大きくない。であれば、効果を高めるべく制裁の強度を上げればよいというのが素直な反応だが、そこには制裁のジレンマがある。

ギャリー・ハフバウアーらによる代表的な研究によると、一九一四年の英国によるドイツへの制裁から二〇〇〇年の米国によるエクアドルへの制裁まで、一七四の国際的制裁のうち、部分的にでも目標の達成に制裁が貢献した事例は三四％だった（Hufbauer *et al.*, 2009）。著者らが「穏健な政策変更」と呼ぶ限定的な変化を促すための制裁では五一％が成功した一方で、民主化のような体制変革（レジーム・チェンジ）や軍事行動の抑制では、それぞれ三一％と二一％に成功率が下がる。

効果は薄くとも、暴力による民主主義の破壊に沈黙しないために国際社会から不承認のシグナルを出すべきだという考え方もある。だが、これまでの制裁についての知見でもうひとつ重要なのは、輸出入禁止や金融制裁といった包括的な制裁の弊害の大きさである。これはイラクに対する制裁が国際社会に大きな教訓を与えた。

一九九〇年のクウェート侵攻直後に安保理決議六一一号でイラクに対して全面的な経済制裁が課され、その翌年には多国籍軍による軍事介入があった。終戦後、大量破壊兵器の査察と廃棄にサダム・フセイン政権は合意したものの、その義務をまともに履行することなく、制裁が続いた結果、同国の国内総生産は約半分にまで落ち込んだ。市民生活は困窮する。

制裁は目的が大きくなればなるほど達成が難しくなり、その上、一般市民や弱い集団に被害が偏る。さまざまな抜け道を確保できる統治エリートはむしろ安泰だ。これを制裁のジレンマという。制裁のジレンマに直面して生まれたのが「スマートな制裁」(smart sanction)と呼ばれるもので、標的制裁もその一部である。

「スマートな制裁」は制裁の副次的な人道的被害を避けながら、行動を変えたい政府幹部や支配層にピンポイントで圧力をかけることを目的とする。標的を定めて、金融制裁、資産凍結、入国禁止といった措置を課す。公人だけでなく、その家族がリストに入ることもある。あるいは、奢侈品の輸出を禁止したり、武器の輸出を禁止したりして、支配層やその支持者に打撃を与えるという手段もある。

標的制裁であれば確かに一般市民の被害は抑えられるかもしれないが、やはり密貿易などの抜け道を防ぐことは難しい。ましてやミャンマーだ。欧米諸国との経済関係がそもそも薄く、かつての軍事政権時代に効果のない制裁を長く続けて一般市民ばかりが実害を被った過去がある。ただでさえ経済停滞や紛争で市民の生活は苦境に陥りつつあるのに、強い制裁は追い打ちをかけることになろう。

となれば、実体的な効果の弱い標的制裁で、民主的な政権への復帰、すなわち体制変革を求めることになるわけだが、これは手段と目的のバランスを明らかに欠いている。政権の座を退くことは、軍にとって自死のようなもの。自死を条件とする取引は通常は成立しない。

4 日本とミャンマー

独自の役割

政変後、日本政府の姿勢が問われた。

クーデター当日、外務大臣談話では、軍が発表した非常事態宣言に重大な懸念を表明し、スーチーらの解放を求めるとともに、民主的な政治体制の早期回復を求めた。

朝日新聞によると、クーデター直後、日本は軍とのこれまでの関係を使って、スーチーを解放させ、軍との対話を促すことを目指したという(朝日新聞 2021)。この見込みは甘かった。クーデターに限らず、暴力的な紛争は対立の結果であって、きっかけではない。クーデター発生から数日で両者が対話のテーブルにつけるのであれば、暴力的な権力奪取にまで対立がエスカレートすることはなかっただろう。

二月一〇日、茂木敏充外務大臣がブリンケン米国国務長官と電話で協議し、日本の基本方針となる三つの要請が固まる。すなわち、①民間人に対する暴力的な対応の停止、②拘束された関係者の解放、③民主的な政治体制の早期回復、である。

この要求水準は決して低いものではない。なかでも、クーデターの目的がスーチーの排除であることを考えれば、拘束された関係者の解放は、軍が簡単に受け入れられるものではない。だが、国内からは批判の声があがった。ＯＤＡを即刻停止するべきだ、あるいは、欧米と歩調を合わせて制裁を課すべきだといった声は、軍による市民への弾圧が激しくなるにつれて強まった。なかでも、軍系企業が絡む事業への投融資、防衛大学校などでの将校の訓練をはじめとする防衛協力や、民生と軍事の「デュアルユース」(軍民両用)品の供与が批判の的になった。人権団体からは民政移管後の日本政府による支援拡大自体が問題だったという批判も出る。

それでも日本政府は、新規のＯＤＡ案件を停止したものの、既存の案件は中止せず、日本独自の役割を果たすという方針を変えなかった。

パイプとは何か

報道では、日本が持つ、軍との「パイプ」という言葉も使われた。「パイプ」とはミンアウンフライン将軍と個人的に親しい人物のことを指し、この日本の「パイプ」が軍の行動を変えられるという期待、あるいは逆に、この「パイプ」がミャンマー軍を支えているかのような話も広がった。パイプとは具体的には、元衆議院議員で日本ミャンマー協会の会長である渡邉秀央、日本財団会長でミャンマー国民和解担当日本政府代表でもある笹川陽平、駐ミャンマー大使である丸山市郎の三人である。

渡邉は衆議院議員、参議院議員として長く日本・ミャンマー友好議連の一員を務め、一九八七年、官房副長官時代に、かつて秘書として仕えていた中曽根康弘からミャンマー支援を任された。軍事政権時代のミャンマーを訪問した際、当時、北東部にあるシャン州で軍管区司令官だったテインセインと知り合う。外国人議員がミャンマーの地方に赴くことなどまずない時代のことだ。歓待を受けたという。そのテインセインが大統領に就任したことで、渡邉は政権と親密な関係を築いていく。ミンアウンフラインとも最高司令官就任直後から交流を深めた。

渡邉は一九九六年に自民党を離党し、のちに自由党の議員として民主党の設立に関わったことから、自民党にも民主党にも広く人脈を持っていた。その力をいかして、民政移管時の野田政権、そのあとの安倍政権と、対ミャンマー政策の転換に際して影響力を発揮した。日本が主導してヤンゴン郊外で進めたティラワ経済特区の開発では、ミャンマー政府との交渉、日本政府内の調整で、渡邉の力がいかんなく発揮されたという。

このティラワ経済特区の開所式に出席したのは、当時副総理・財務相であった麻生太郎である。麻生は渡邉の衆議院議員の一期後輩で関係性は深く、自民党政権下でのミャンマー支援を支えた人物のひとりだ。政変後、麻生は主要七カ国(G7)財務相会合中の二カ国間会談で「(日本には)ワタナベという男がいる。ミャンマー政策は日本に任せておけばいい」と発言したという（朝日新聞 2021）。

もうひとりの「パイプ」である笹川が会長を務める日本財団とミャンマーとの関わりは、一九七〇年代にさかのぼる。日本財団が力を入れるハンセン病対策が最初だった。笹川本人はシャン州での学校建設がきっかけでミャンマーと関わり、この国の困難に個人的な思い入れを持つようになった。個人的な熱意のため、笹川の活動は人道支援を超えて、軍事政権指導者との接触にも発展する。軍事政権の指導者タンシュエとの会合は二度。一度目は橋本龍太郎、二度目は森喜朗という首相経験者とともにヤンゴンで会合を持った。会合前に米国から中止の要請もあったというが、民間人の交流だと押し切った。

民政移管後に日本財団によるミャンマーへの人道支援が拡大した。グラスルーツを重視する本来のアプローチに加えて、笹川はミャンマー軍との関係、そして和平交渉への関与を試みた。具体的には「日本・ミャンマー将官級交流プログラム」で毎年、一〇人程度の最高幹部将校を日本に招き、自衛隊との交流を促した。文民統制を理解させることが目的で、これは中国の人民解放軍との間でかつて行っていた同種の交流を、ミャンマー軍との間で実施したものだ。

少数民族武装勢力との全国停戦合意（NCA）交渉にも笹川は関与する。交渉を支えた国民和平センター（NPC）の施設建設や交渉上の旅費の支援といったかたちで側面から支援した。日本政府も、長年の人道支援と軍との関係、さらに日本の政界にも広くネットワークのある笹川を頼った。二〇一三年二月には「ミャンマー国民和解に関し、関係国政府等と交渉するための日本政府代表」に就任。ミンアウンフラインからも信頼を寄せられ、最高司令官が会談中にメモをとる数少ない人物として、その名はミャンマーでも知られる。

渡邊と笹川がミャンマー軍との近さ、同時にアジア主義的な志向を感じさせる一方で、丸山は、スーチーとも親しいことで知られた職業外交官である。ビルマ語専門の外交官として現地での長い駐在経験があり、その間にミャンマー政財界に広く人脈を築いた。軍事政権とも民主化勢力とも付き合う日本のミャンマー外交を体現する人物だろう。その能力を買われて二〇一八年にミャンマー大使に就任している。

この三人は確かに軍最高司令官と接触できる人物である。絶大な権力を握る軍最高司令官ら幹部将校とつながりがあるというのは、日本と軍との「パイプ」と表現されてもおかしくない。ただ、それと軍の行動を変えられるのかどうかとは話が別である。深刻な対立を抱える軍と抵抗勢力との間に入って両者の和解を促せる者は、いまのところ世界のどこにもいない。また、こうした「パイプ」が日本のミャンマー援助を牛耳ってきたかのようにみなすのは、端的に言って誤りだろう。「パイプ」が果たしてきた役割は慎重に検証されるべきだが、過大評価してはならない。

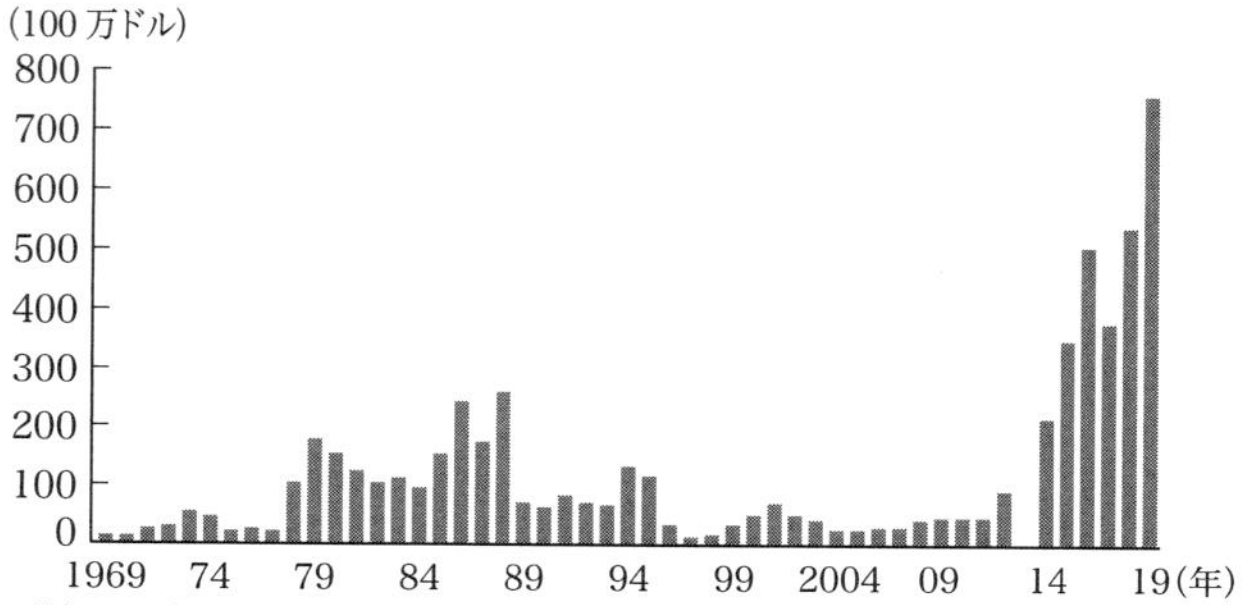

注）2013年は債務処理で援助額が25億ドルを超えるためここでは記さない
出所）OECD DAC の International Development Statistics より筆者作成

図表6-4　日本の対ミャンマー向けODAの推移

ミャンマー支援の本質

　では、日本とミャンマー関係の本質とはなにか。

　日本とミャンマーとの外交関係は、一九五四年に締結、翌年に発効した「平和条約」と「賠償及び経済協力に関する協定」(戦後賠償協定)を機にはじまる。まだ敗戦から一〇年も経っていない。激戦の地であったミャンマーに従軍したものも多くいた時代だ。ビルメロ(ビルマにメロメロの略)と呼ばれるような、同国に特別な思い入れを持つひとびとも政財界に少なくなかった。

　こうした「思い入れ」に反してミャンマーは、日本が支援したくてもなかなか支援できない国だった。図表6-4は日本の対ミャンマー支援の推移を示している。戦後賠償協定締結から間もない一九六二年に国を閉じたあと、援助が停滞したことがわかるだろう。その後、一九七〇年代末から対外援助の受け入れを主導したのは日本だった。一九七六年一一月に「対ビルマ援助国会議」を東京で開催して各国の調整を図り、その後、日本の対ミャンマー支援は一九七六年の七一〇〇万ドルから、一九八八年には約六倍の四億五一〇〇万ドルに拡大した(工藤1993)。社会主義政策が失敗していた同国にとって重要な支援だった。

ところが、一九八八年のクーデターで新規案件は原則見合わせとなり、援助額は激減する。その後、スーチーが軟禁から解放されるなど前向きな動きがあると、国民に直接裨益する基礎的な案件については再開して、二〇〇二年には債権の一部放棄も行われた。ところが、二〇〇三年のディペイン事件後にスーチーが軟禁されると、支援は一時停止、新規案件も見合わされた。援助額は落ち込んで、緊急人道支援や一部の人材育成事業、ＡＳＥＡＮ諸国を対象にした援助の一部だけとなった。

ここからわかるのは、米国の意向の枠内で日本のミャンマー政策がつくられてきたということである。米国が制裁を課しているなかで、日本が援助を拡大させることは困難だった。「ビルメロ」が二〇〇〇年代よりもずっと多く政財界にいた時代でも、そうした情緒的なつながりが果たした役割は限られていて、日本の独自外交というほどのものではなかった。

すでにみたように、民政移管後に援助が拡大するきっかけも、やはり米国だった。ミャンマーと米国との関係が雪解けするなか、民主党政権下の日本政府では、仙谷由人官房長官が旗振り役となり、テインセインの改革を支援する体制作りが進んだ。軍事政権下でも撤退せず人脈を維持した日本の強みが活かせる。政府はそう踏んでいた。

「バスに乗り遅れるな」という言葉が当時よく使われていたことを思い出す。ミャンマー進出を急ぐ雰囲気が世界にも日本にも醸成された。

日本政府にとっても、ベトナムの次の支援先としてミャンマーは望ましかったからである。というのも、日本企業の新たな進出先たりうる経済的潜在力があった。中国の発展と政情で、東南アジアに拠点を移す企業が増えるなか、ミャンマーはまさにフロンティアだった。東アジアに広がる製造業を中心とした生産ネットワークにこの国を組み込み、また、一九九〇年代から続く東南アジア大陸部の連結性を高める経済回廊建設にとって、ミャンマーは長く失われていたピースだった。

そこで日本政府は、二〇一三年一月に円借款債務を一時的に肩代わりする借換えと、残りの債務や金利などを免除して、同国が抱えていた合計約三〇〇〇億円の累積債務問題を解消し、その後の支援の道を開いた。五月には安倍首相が日本の首相としては三六年ぶりにミャンマーを公式訪問し、九一〇億円の資金協力を約束。同年一二月の首脳会談時には総額六三二億円のインフラ開発を中心とした円借款四案件を表明する。スピード感のある援助再開だった。

つまずき

民政移管後に大幅に増えた援助にさらに弾みがついたのは、スーチー政権の発足だ。二〇一六年一一月に東京で安倍首相とスーチー国家顧問が会談し、経済発展・国民和解と都市部と地方の均衡ある発展実現に向けた努力を支援することが表明された。官民合わせて五年間で八〇〇〇億円の支援という大規模なものだ。二〇一九年には援助総額が一五億ドルを超える。その規模は同年の円借款の供与相手国では四番目の大きさである。

クーデターは支援のさらなる拡大を見越した矢先に起きた。一〇年間の日本の支援に対する裏切りだといってよい。憤る関係者も多い。だが、日本は欧米と協調して軍に制裁を課すようなアプローチは選択しなかった。ＯＤＡについても、既存の事業は一部を除いて継続している。ミャンマー軍に対する三つの要請のハードルは高く、軍の政権掌握を認めたわけではないものの「独自の役割」を果たすと言いながら、日本の動きは依然として鈍い。ではどうすべきなのか。終章で考えたい。

終　章　忘れられた紛争国になるのか

なぜこんなことになったのか。

誰もが首をかしげるミャンマーの政変とその後の混迷の原因を探るべく、主に一九八八年以降の現代史を描くのが、この本の目的であった。結論にあたる本章ではまず、今後の行方について簡単なシナリオを示そう。そのうえでミャンマーという国が抱える根本的な困難について、少し抽象化して論じる。そして最後に、日本の対ミャンマー政策のあり方を検討したい。

1 この国の行方

ミャンマーという国がこれからどうなるのか。

先行きを左右するのは、軍、そしてそのトップのミンアウンフラインである。わたしたちが好むと好まざるとにかかわらず、実効支配という点では優位に立つ軍の動向がこの国の行方を左右する。したがって、軍の出口戦略がどの程度実現するのか、また、各種の要因でそこからどうずれていくのかといった点から、今後の行方を考えることが必要だろう。

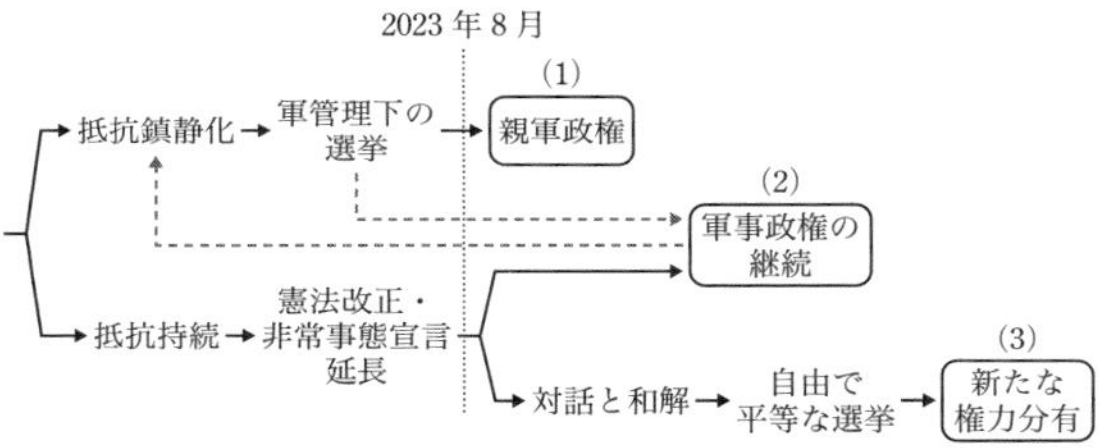

図表終－1　今後の行方

三つのシナリオ

図表終－1に今後のシナリオを三つ示している。この図は、軍と抵抗勢力(民主化勢力)、それぞれが望む結果にはならないという前提のもとで書かれている。つまり、軍が望むような、抵抗勢力が根絶された社会にはならない。一方で、抵抗勢力が望む革命もまた起きないということである。

分岐点は大きくふたつある。まず、二〇二三年八月までに軍が構想通りに総選挙を終えて「新政権」を樹立できるかどうか。もうひとつは、軍と抵抗勢力との間で対話がはじまるかどうかだ。シナリオ通りになることはないだろうが、将来予想の手懸かりにはなると思う。

(1)親軍政権の成立

まず、軍が親軍政権の発足まで実現するシナリオである。軍側が暴力的な抵抗を抑え込んで実効支配がより安定し、二〇二三年八月までに選挙が実施される。むろん、NLDの参加は認められない。それまでにスーチーらＮＬＤの元幹部には有罪判決が確定して公民権が停止される。その他の民主化指導者は、投獄されているか、軟禁中か、指名手配中だ。そのなかで選挙が実施されるわけだから、参加する政党は、軍の意向を汲み取る勢力だけだろう。

選挙に有権者が投票に行くのかという問題は残るものの（選挙に失敗すれば軍事政権が続く）、そこさえクリアすれば、選挙結果にしたがって、新しい政権に権限が委譲される。移譲先として軍が想定しているのは、前与党のＵＳＤＰだろう。ただ、ＵＳＤＰ幹部は元軍人であるとはいえ、現在の軍幹部からみれば現役時代の地位という点で格が落ちる（テインセインはすでに引退）。また、最高司令官が大統領就任を望んでいることも皆、知っている。そうなると、政権党からの「要請」を受け、ミンアウンフラインが軍最高司令官からの退任を「決断」して大統領になる可能性が高い。そうなれば、軍は新しい世代に任される。

抵抗勢力との対話や和解を経ない政権移行では、統治への妨害を軍が防ぎきることはできない。政府への一般国民からの信頼も回復せず、社会への公共サービスの提供という政府の役割を十分に果たすこともできないだろう。それでも、新政権と軍は強硬路線を維持しながら、抵抗勢力に対して従属を迫る。結果、場合によっては、のちのち新たな権力分有体制が生まれるかもしれない。

スーチー政権の幹部も拘束されたままで、弾圧の最高責任者が中心となる政権が生まれるわけだから、日本を含めた自由主義圏の国々が承認することはできないだろう。援助や民間企業による投資が引き続き減少する事態は避けられず、経済が持ち直す期待もしぼむ。他方で、中国やインド、一部のＡＳＥＡＮ諸国などは、主要な地域を実効支配する軍主導の「新政権」を支持することが現実的だと判断して、関係を正常化させる可能性がある。

（2）軍事政権の持続

ふたつ目のシナリオは、選挙ができないまま軍事政権が続くというものである。抵抗勢力の活動が鎮静化することなく、投票所の安全が確保できなかったり、できたとしても、投票を棄権する有権者が多数に及ぶ可能性が高かったりすれば、軍は選挙の実施をためらう。この「危機」を乗り越えるには、軍の統治が必要だと主張し、現在の最大二年の非常事態宣言を、国家治安評議会（ＳＡＣ）による憲法改正などを通じて期間を延長する。

こうなれば、一九九〇年選挙後の再現、つまり、正統性を欠いた軍事政権となる。ＳＡＣの議長であるミンアウンフラインに極端に権限が集中した状態が続く。弾圧は強化されるが、それでも統治は安定せず、政府の機能は低くとどまるだろう。情勢の不確実さゆえに海外直接投資は滞る。財政が悪化し、国際収支も赤字となって、チャット安、外貨不足、物価上昇がますます進む。経済不安と政治運動は連動するので、反軍デモが拡大するケースがあるかもしれない。各種の危機が連鎖する危険性が続くだろう。

仮に抵抗勢力の勢いが衰えると（図上で（2）から伸びる点線の矢印）、軍管理のもとで選挙が実施されて、新政権への移行が実現するかもしれない。むろん、成立する政権は親軍政権となり、急進的な抵抗勢力は政治過程から排除される。

（3）新たな権力分有

三つ目のシナリオは、軍と抵抗勢力との間で対話と和解が成立するというものである。

このシナリオが実現するには、国民統一政府（NUG）や人民防衛軍（PDF）、一部少数民族武装勢力の抵抗と外交圧力が効果的に軍の行動を変えることが必要だ。同時に、NUGをはじめとする抵抗勢力も、自らの要求水準を引き下げなければならない。ひとつの可能性は、軍による過去の弾圧を赦し、二〇二〇年選挙の無効を受け入れて、仕切り直しの選挙の実施を認めるということである。

軍はスーチー政権関係者をはじめとする政治囚を解放して、NLD（あるいは民主化勢力の受け皿政党）が選挙に参加する。たとえ高齢であっても、健康に問題がなければ、スーチーが再び選挙の主役となろう。二〇〇八年憲法が維持されるのか、それとも新憲法の起草となるか、そこは軍と抵抗勢力の力関係次第である。いずれにしても新たな権力分有の時代となる。

抵抗勢力が自身の判断で軍との和解を選んだのであれば、自由主義諸国も新たな政権を支持しやすい。今後も続く中国の台頭を考慮すると、より民主的な政権ができれば支援する動きも出てくるはずだ。即座に制裁が緩和されることはなくとも、国の先行きが見通せるようになれば、経済の回復も早くなる。

このシナリオは、いまは絵空事のように感じる。軍とＮＵＧはお互いをテロリストだと呼び合っている。過去を水に流すにはあまりに多くの人たちの血が流れてしまった。対話の機が熟すにはかなりの時間がかかりそうだ。一般的には、一方の当事者が圧倒的優位に立つか、双方ともに疲弊するか、あるいは第三者の仲介が機能しなければ、対話の機会は訪れない。五年、一〇年といった長さの話になるだろう。

2　この国の困難

今後の見通しをある程度つけたうえで、この国が抱える困難を、筆者なりにまとめておきたい。ポピュリズム、誤算の連鎖、暴力の罠、の三つのキーワードからみていく。

ポピュリストの挫折

近年、民主主義の後退や強権政治の拡大が世界的潮流として議論の俎上にあがる。ミャンマーの危機は、そうした潮流がアジアでも広がっていることを感じさせる事件だった。

民主主義に対する危機感が世界で広がっている理由のひとつは、いうまでもなくポピュリズムだろう。ポピュリズムは、社会を「汚れなき人々」と「腐敗したエリート」というふたつの勢力からなるものだと理解したうえで、自分たちを「汚れなき人々」の唯一の代表として、「腐敗したエリート」による支配の打倒を唱える思想と運動である(ミュデ&カルトワッセル 2018)。長い歴史のある先進民主主義国でもこうした現象が起きていることに危機感が広がっている。

他方、民主的な政治体制が定着していない社会では、ポピュリズムが異なる顔を持つことも知られている。その顔とは、市民の政治参加や自由の拡大を後押しする力になることだ。民主主義、人民、正義、市民社会といった、ときにユートピア的に響く概念が、強権的な支配に異議を唱える社会的連帯を生む(ラクラウ 2018)。

この意味ではスーチーはポピュリストだ。彼女には頑固な理想主義者という評価がつきまとってきた。妥協を嫌い、政策的な知識に乏しく、政治指導者としての資質を欠くといったものである。的外れな批判というわけではないが、彼女が演説に立つ「場」を観察すると印象は変わる。軍の権威、自由の制限、政党組織の弱さ、経済格差、民族間の不平等を抱える社会で、スマートに政策を語り、交渉に長けた指導者が活きる「場」ではない。まずはひとびとの連帯をつくることが必要だと感じるはずだ。

民主主義を伝統的な価値や仏教概念と組み合わせながら唱え、非暴力主義で軍と対峙するスーチーを多くのひとびとが支持したのは、ミャンマーの社会が欲する能力を、彼女がたまたま持ち合わせていたからだと解すべきだろう。彼女を指導者にしたのはミャンマー社会である。

その彼女が一国の指導者になったことで国家権力を手に入れた。政権が軍との危ういバランスの上に成り立っていることをわかっていたはずだが、彼女は軍への挑戦を続けた。その挑戦を次世代に引き継ぎ、ポピュリスト型ではない新たな指導者が切望されていたなか、軍が民主化勢力を排除しようとしたのが二〇二一年のクーデターである。軍の権威的な支配に対抗するスーチーのポピュリズムが挫折した瞬間だったといえる。

誤算の連鎖

第3章で概説したように、ミャンマーの二〇〇八年憲法は、民主化のために施行されたものではなかった。制度として目指されたのは、独裁と民主主義の中間形態である。この中間形態は、政治学で競争的権威主義体制(competitive authoritarianism)と呼ばれる。

難しそうな名前だが、こう呼ばれる体制下では、複数政党が参加する選挙や議会などの民主的な制度がある。用語のなかの「競争的」はそうした面を指す。同時に、権威主義でもある。民主的な機能に制限が加えられているからだ。与党に有利な選挙区割りになっていたり、与党と政府が一体化して買票活動をしたり、野党の活動が制限されたり、選挙結果が操作されたりする。この競争的権威主義下では、得票数を増やして選挙で勝つという民主的な国での選挙戦略とは違う戦略が、統治者と与党には必要である(Levitsky and Way 2010)。

ミャンマーの競争的権威主義体制では、軍が独立した組織であるとともに、与党組織が弱かった。第4章でみたように、親軍政党であるUSDPは理念も統合力も欠いた、急造の政党だ。民主化に歯止めをかけるのであれば、不正をしてでも選挙に勝つ仕組みがなければならないが、まともな政党政治が約五〇年間存在しなかった国で、堅牢な支配政党をつくりあげるのは無理な話だった。そして、憲法起草時の想定を超えて民主化が進み、スーチー政権が発足する。つまり、軍事政権による制度設計のミスと誤算で進んだ民主化でもあるのだ。

強権的な統治者の誤算で民主化が進むことは、実は、珍しいことではない。誤算で進んだ民主化の方が多いという実証研究もある(Treisman 2020)。珍しいのは、誤算を強引に修正する行動だろう。そうした行動が引き起こす余波は大きい。助手席から運転手のハンドルを奪って車をUターンさせるようなもので、下手をすると乗員全員がケガをする。そのため、多くの場合、リスクが高すぎて、過去の誤算を帳消しにするような行動は起きず、民主化が進むのである。しかし、ミャンマーは違った。軍は、民主化と社会変化のスピードを読み誤り、国を急旋回させた。誤算が誤算を生み、政争は危機へと発展したのである。

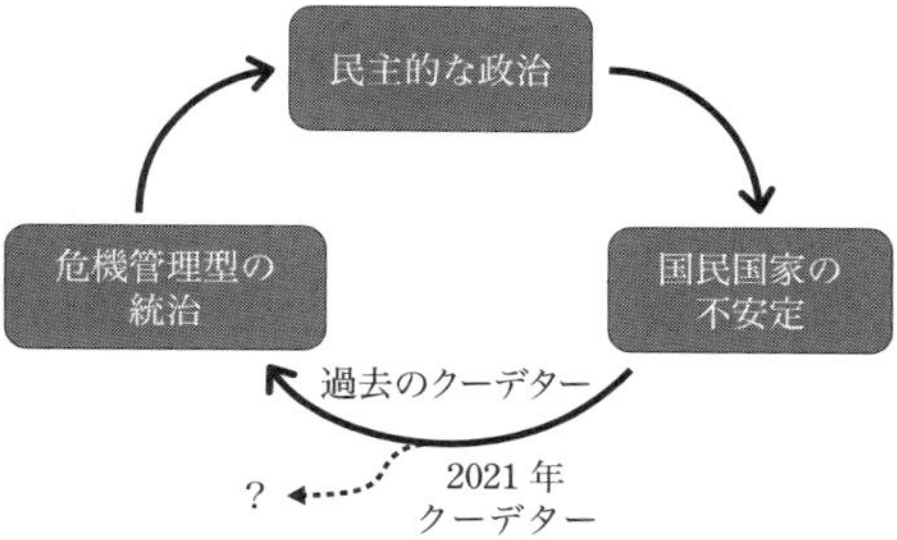

図表終－2　ミャンマー政治の悪循環

暴力の罠

軍の誤算にはわけがある。歴史のなかで生み出された、国家の歪みと、軍の脅威認識、そして最高司令官の野心が、事態の正確な把握と損得勘定を狂わせた。序章でみたように、これは、クーデターのたびに、この国で繰り返されてきたことだ。ミャンマーは悪循環に陥っているといってよい。

この悪循環は、ミャンマー政治を規定する三つの局面、すなわち、国民国家の不安定、危機管理型の統治、民主的な政治、これらの間で起きている（図表終－2）。民主化が進むと国民国家の統合が不安定になり、それが軍の警戒心を刺激して危機管理型の統治を強化させる。危機管理型の強権的な統治が続くと、停滞のなかで国民の不満がたまり、民主化や自由化が次第に進む。すると、再び国民国家の不安定化を警戒して軍が暴力でたがを締め直す。そういう循環だ。ミャンマーの発展を阻んできた罠だといってよい。

二〇二一年のクーデターは危機管理型統治への揺り戻しでもある。本来、経済発展にともなって利益集団や世論が多様化し、国際的な相互依存も深まれば、軍はクーデターをためらう。暴力による解決は余波が大きく、端的にいえば、割に合わないからだ。ところが、そうした抑制が働かず、暴力が政治経済発展の可能性を摘み、次の段階に進めない。この行き詰まりを、政治学者ギャリー・コックスらは「暴力の罠」と呼んだ(Cox *et al.*, 2015)。

クーデターのコスト意識を歪ませるような脅威認識が軍にあり、また、軍がクーデターのような直接行動にうったえることを防ぐ仕組みがない。それを変えるには改革の時間が短すぎたともいえるし、過去の軍事政権の期間が長すぎたともいえるだろう。

ただし、悪循環から抜け出す可能性もある。現在の混迷が示すように、軍による危機管理型の統治はむしろ混乱を生み、民主化勢力は急進化して暴力闘争となり、国家機構の統治能力を掘り崩しているからだ。強権統治という悪夢と、革命という美しすぎる夢との間にある新しい時代に入っていきそうだ。

3　日本はどうすべきか

前章でみたように、民政移管後、日本はミャンマーの改革を一貫して支援してきた最大の援助供与国である。第二次スーチー政権の発足後にさらに支援が拡大することも見込まれていた。そこには、アジアの経済成長をとりこみ、中国の影響力拡大に歯止めをかけたい日本の国益もあれば、長い軍事政権のあとに、やっと誕生した民主的な政権を安定させる狙いもあったはずだ。ところが、政変から一年半がたち、日本のミャンマー支援を支えたさまざまな前提条件が崩れつつある。日本の対ミャンマー政策をどのように再構築すればよいのだろうか。

平和、民主主義、人権の支持が原則

まず、原理原則を堅持することが肝要だろう。平和、民主主義、人権を支持し、その原則を踏み外すような行動は許容しないという姿勢が揺らいではならない。いま、大きく変わる国際秩序のなかで、普遍的価値への日本のコミットメントが問われている。民主主義や人権を重視する価値観外交が、対ミャンマー政策についてもぶれてはなるまい。

したがって、日本政府のミャンマー軍に対する三つの要請(民間人に対する暴力の停止、スーチ

ーら拘束者の解放、民主的体制の回復)を維持し、談話、声明などを通じたメッセージをより明示的に発信する必要がある。日本とミャンマーの関係を支えてきた政府開発援助(ODA)についても、ODAの憲法と呼ばれる「開発協力大綱」には、開発協力の適正性確保の原則として「民主化の定着、法の支配及び基本的人権の保障に係る状況」に配慮することが記されている。軍がこのまま統治を続ければ、こうした原則に反するのは明らかだ。自由と公正さを欠いた選挙が実施されて新政権ができても、関係を正常化してはならない。

正義と平和の緊張関係

ただ大事なのは、そうした原則や価値をどのように実現するかである。

現状を大規模な人権侵害ととらえた場合、実現されるべきは、ミャンマー軍の責任を追及し、正義を実現することになろう。この場合の正義とは、応報的正義、すなわち罪を犯した者に対する、適正な審理と裁きが目指されることになる。

ひとつの例として、国連人権理事会(UNHRC)が設置した「ミャンマーに関する独立調査メカニズム」(IIMM)がある。そもそもロヒンギャへの軍の迫害に関する調査を目的として設置された機構だが、政変後は、軍による弾圧全般についても、国際司法裁判所(ICJ)や国際刑事裁判所(ICC)のような国際法廷での審理に耐えうる証拠の収集を進めている。NUGをはじめとする抵抗勢力は、こうした責任追及活動を支持している。

正義を求める声が重要であることは間違いないが、そこには限界もある。国連も国際司法機関も主権の壁を越えて実力を行使することはない。また、中国とロシアの存在が国際協調を阻むため、正義の追求が、統合された外交圧力にもならない。

さらに議論を深めるなら、そもそも正義と平和の間に緊張関係がある。各種の法にしたがって紛争当事者の罪が裁かれ、そのうえに持続する平和が実現することが望ましいのは、そうだろう。だが、それが紛争勃発から間もなく起きることはごくまれだ。

紛争解決と呼ばれる研究分野では、紛争の解決までにいくつかの段階があることが指摘されている。まず紛争予防の段階があり、それに失敗して暴力紛争が勃発すると、「消極的平和」と呼ばれる暴力がない状態が目指される。そのうえで正義、つまり法にもとづいた処罰や事実解明作業などを経て、紛争当事者と巻き込まれた被害者たちの間に和解が成立することで、「積極的な平和」という持続的な社会の安定にいたる(Ramsbotham *et al.* 2016)。

これはひとつの理想だ。実際の紛争解決はそう簡単にはいかない。本書でも検討してきたように、紛争には長く複雑な経緯がある。当事者の一方かもしくは双方が、暴力で争いに片をつけようとするのは、多くの場合、もう修復が難しい関係に陥ったときだ。ひとたび暴力が振るわれると、ひとが傷つき、亡くなる。死は集団の連帯と敵意を強め、相互の信頼関係を掘り崩す。そして、さらに暴力がエスカレートすることがある。一度はじまった暴力の連鎖を止めることはそう簡単ではないのだ。

戦略家であるエドワード・ルトワックのように、戦争による消耗が平和を生む手段なのだから決着がつくまで戦えばよいという立場もありうる（ルトワック 2017）。だが、これではあまりに救いがないので、当事者が停戦に前向きになるように促すことになるわけだが、仲裁は失敗することも多い。

特に、対立する勢力が互いを罰してやると言っているうちは、停戦交渉が成り立たない。暴力の停止に合意するということは、一時的であれ、お互いが譲り合い、共存を目指すことが必要になるからだ。対話の過程では、それまでの互いの行為について、少なくとも一部を一時的であれ水に流さなければならない。一貫した原則が貫く正義ではなく、力関係や駆け引き、妥協が入り交じる政治の産物が、初期の平和である。ここで、正義と平和がぶつかる。

現在のミャンマー危機に対しては、正義を求める声が強く、欧米諸国とその影響力が強い国際機関もそれをサポートしている。交渉を通じてとりあえずの停戦を探ろうとする動きは、その試みどころか、意見表明の時点で強い批判を受けてしまう。

軍による暴力が止む気配がないなかで、武装闘争と急進的な正義を唱えて抵抗の連帯を保つことを選択する意思は理解できる。しかし、このまま行き詰まりが続いて最も被害を受けるのは、軍の実効支配下にいる一般国民だろう。こと、経済水準がいまだ低いミャンマーの場合は、ひとびとの苦難を何らかの大義のための一時的な犠牲として済ますことは、人道的に許されないと筆者は考える。

アジアの現実に向き合う

わたしたちはまた、日本とミャンマーが置かれたアジアの地域情勢にも向き合う必要がある。アジアには、韓国や台湾のような安定した民主主義もあるが、共産党一党制の国が四カ国存在するなど、権威的な体制も健在だ。フィリピン、インドネシア、インドのように、民主的な制度を備えていても、その中身に疑問符がつく国も多い。民主主義や人権といった理念は、外交的な連帯や協調行動を生む共通の価値には、アジアではまだなっていない。

そのうえ中国の台頭が著しい。経済成長を続け、その成長の果実を軍事力や外交力に転化している。現状の国際秩序を力で変更する意思を持ち、特に安全保障面での緊張が高まっていることは確認するまでもない。東シナ海や南シナ海は国際的緊張の最前線である。最近では海洋上の領有権問題にくわえて、台湾有事がにわかに現実味を帯びてきている。国際秩序を、ルサンチマンとナショナリズムと覇権意識で解釈する中国の対外行動に対して、軍事的な国際連携によってまずは抑止することが不可欠だろう。

一方で、ミャンマーもその一部となる東南アジアの大陸部は、中国の補給線をめぐる争いの場だ。前章で触れたように、マラッカ海峡経由の物流に依存する中国経済にとって、代替経路の確保は、経済安全保障上も国家安全保障上も欠かせない。ミャンマーからインド洋へといたるルートはそのひとつになる。

二〇一〇年代には欧米との外交関係改善、さらに日本、韓国などアジアからの援助と投資をテコにして中国と距離をとったミャンマーだが、政変を機に中国への依存度は再び高まりそうだ。ロシアやインドとの関係を強化して、中国依存のリスクを回避(ヘッジ)するとしても、ロシアとの関係は軍事中心で、ウクライナ侵攻後の行方に不透明感が漂う。インドとの協力は海軍間の協力と西部の開発くらいである。中国は慌てることなく、まずは経済的影響力を高め、そのあとに軍事的影響力に転化していけばよい。

中国の経済発展がミャンマーに恩恵をもたらす面も当然あるが、過去を振り返る限り、自国の直接的利益を優先し、公正な市場経済の仕組みづくりや政府の能力向上、また市民感情や環境への配慮といった、ミャンマーの公益に対する意識は中国の政府や企業には弱い。

したがって、ミャンマー軍に対して日本がただただ強硬な態度をとれば、それは中国を確実に利する。わたしたちにとって望ましいアジアの秩序構想からは遠ざかるうえに、ミャンマー軍や同国のビジネス・エリートと中国との関係は強化されて、そこに民主的な政治参加や、人権を保護する仕組み、公正な市場といったものが生まれる余地はますます乏しくなる。

ここにも利益の衝突がある。普遍的価値を重視した外交が、地域秩序の安定を難しくする可能性があるのだ。したがって、民主主義や人権ばかりに目を奪われ、アジアの現実を見て見ぬふりをしてはならない。ただ逆に、中国脅威論ばかりで、人権や民主主義を理想主義だと軽視するのは視野狭窄でしかない。本来、どこでどうバランスをとるのかが議論されるべきで、どちらか一方を選ぶような問題ではないはずだ。

国家と生活を壊さない支援

では、混迷に陥っているミャンマーの今後を踏まえながら、当面のところ、日本の国益、ミャンマーでの普遍的価値の実現、そしてアジアの地域秩序の安定、これらの折り合いをどのようにつければよいのか。

最も優先されるべきは、ミャンマーという国家と、そこに暮らすひとびとの生活を壊さないことである。紛争や経済危機の弊害を最小限にとどめて、アジアの地政学的要衝が極度に不安定化することを防ぐことが求められる。

喫緊の課題は人道支援の拡大だろう。ところが、軍は人道支援の名のもとで抵抗勢力への支援が行われることを警戒しているため、各種国際機関、国際ＮＧＯの活動に制限が課されている。また、そうした組織にも軍との接触を回避する傾向が強い。その結果、国内避難民や、経済的打撃のあおりを最も受ける貧困層、感染症対策や教育のような公共サービスを受けられないひとびとは、軍の実効支配下に多くいる。日本は軍に、中立的で包括的かつ透明性のある国際的人道支援の受け入れを求めるべきだろう。

次に、軍が事態を動かすという現実を直視し、国際的な連携をしながら粘り強く軍に方向転換を働きかけることが肝要だ。当面は、ＡＳＥＡＮの「五つのコンセンサス」の履行を求め、日本政府が要請してきた三点についても進捗をせまることになろう。

ただし、対立する軍と民主化勢力の仲介は、どの国にも国際機関にもできそうにない。対話の実現には、五年、一〇年、あるいはそれ以上の時間がかかり、主体はあくまでミャンマー人になる。わたしたちにできることは、混迷が及ぼす一般市民への弊害を可能な限り押し留め、対立する勢力間に対話が生まれるような環境をつくり出すことくらいだ。いまのところ妙案はないものの、すべての当事者と公式、非公式につながり、混迷が長期化することを見越して、情報と人脈を蓄積することが必要である。長期的に関与をするために、日本もまた、ＡＳＥＡＮや国連のように、ミャンマー問題全般を担当する特使を任命することも検討すべきだ。

軍による統治を承認せず、それでも軍と接触するという、曖昧な態度を戦略的に貫くことが大事である。軍、抵抗勢力、市民、すべてを自由主義の国々から孤立させてはならない。孤立が生むのは収奪的な政治経済の持続と、偏った外交関係、そして一般市民の疲弊だからである。欧米諸国は今後ますますミャンマーから離れていく。そもそも国益が乏しく、手段も限られているため、民主化と人権でもっぱら圧力をかけるからだ。圧力の効果が疑わしい以上、日本はそうした手段の目的は共有しながらも、異なる方法でのアプローチを模索すべきだろう。

援助の見直しと過去の検証

ミャンマーに対する日本の援助は見直しが必要だ。軍が中心となる政権に、クーデター前のような目的と規模で援助を続けることは、日本国民に対しても、ミャンマー国民に対しても、説明ができない。

援助の前提条件も大きく変わった。民主化と経済発展の好循環はしばらく起きない。経済的潜在力を発揮するための手段(政治の安定、法制度の安定、インフラ、投資の拡大など)が欠けた状態だ。六%を超える経済成長を見越した支援と、欧米に制裁を課された不安定な低成長国への支援は、当然違うはずだ。既存の支援事業は、その効果という点で政策的な合理性に疑問符がつく。軍への支援が文民統制と民主主義を理解することに役立つという、防衛協力の根拠も揺らいでいる。同じ説明で同じ支援を続けることは無責任だろう。

援助の見直しとともに必要なのは、過去の検証だ。

二〇一一年以降のミャンマーに対する援助の拡大は、「アジア最後のフロンティア」という経済的潜在力に加えて、アジアでの中国の台頭にくさびを打つためのものだった。日本政府の役割は大きく、この国の経済発展の条件を整え、政府能力を強化することに重点を置くことで、その強みはかなり活かしたようにみえる。

だが、政府も企業も、ミャンマーの実態に目をつぶってはいなかっただろうか。もっといえば、ミャンマーのような困難な国と付き合う覚悟が欠けていたのではないだろうか。

クーデターの予測は難しかったとしても、政治の不安定化は明らかだった。ミンアウンフラインの大統領就任への野心も公然の秘密で、クーデターが起きずとも、第二次スーチー政権は軍との関係に悩まされていただろう。人権問題は二〇一七年のロヒンギャ危機時にすでに発生して、国際機関や人権団体から非難の声が上がっていた。それでも日本の政府が援助を拡大し、企業がビジネスを続けたのは、この国と付き合う覚悟というよりも、経済開発以外への関心が薄かったからではないのか。

これは今後の対ミャンマー政策に限られた問題ではない。東(南)アジアには非民主的な国が数多くあり、民主的とされる国々も人権問題や社会紛争を多く抱えている。日本の国力が低下するなか、成長を続けるアジア諸国の存在感が増していて、日本はますますアジアのなかの一国になっていく。欧米に比べると、規範も体制もずっと多様性のある近隣諸国とどう付き合っていくのか。硬直的でもなく、無方針の現状追認でもない関係を築くために、対ミャンマー政策を事例に日本外交に欠けていたものを探る必要があるだろう。

人道支援は日本でもできる

日本でできるミャンマー支援もある。難民、労働者、留学生などの受け入れだ。

もともとミャンマー人の日本での難民申請数は多く、国籍別難民認定申請者数では常にトップテンに入ってきた。なかには、就労の機会を求めて来日し、在留資格満了が近くなって少しでも滞在期間を延ばそうと難民申請をする者もいる。だがそれは、外国人労働者に依存しなければ成り立たない経済でありながら、その受け入れ体制の整備が遅れてきた副産物でもある。難民申請者の悪意や、難民制度自体の不備ばかりに原因を求めてはならないだろう。グローバル化への日本の対応が問われているのだ。

最近では、難民制度も外国人労働者受け入れ制度(国際協力を表向きの目的とする技能実習制度も含む)も、改革が少しずつ進んでいる。ミャンマーの政変後に法務省は、不透明な現地情勢に配慮して、在留ミャンマー人への緊急避難措置を決定した。在留資格を満了した者に継続的な在留を認めるものだ。迅速な判断は適切だったと思う。

今後、ミャンマー支援を経済開発中心から人道支援へと転換するべく、難民はもとより、労働者、実習生、留学生などの日本への受け入れを、積極的に進めることが望ましい。

日本の覚悟

危機が広がったいま、日本の存在感が乏しいままでは、自国にとって都合のよいときだけ支援し、情勢が悪化すると途端に日和見を決め込む国になる。アジアの紛争や人権問題に日本が無関心であってはならない。

かつての軍事政権時代、ミャンマーで多くのひとびとを苦しめたのは、軍の圧政と、国際社会からの忘却だった。最大の責任が軍にあることは言うまでもないが、現地の惨状を放置してきた国際社会(日本を含む)にも、その責任の一端はある。歴史家であり、ミャンマー政府の顧問も務めていたタンミンウーは、かつての欧米による制裁について、「援助の打ち切りを含めた西側の制裁は数百万人の暮らしを破壊したが、その説明責任を求める動きはない。制裁は、将軍たちをリベラルな方向に向かわせることにはまったくならず、むしろ、よりよい将来への移行をさらに困難なものにしてしまった」と指摘する(タンミンウー 2021)。二〇一一年からはじまった改革と束の間の民主化は、その意味で、ミャンマー軍と国際社会、双方の責任を水に流して進んだのである。

いま、かつてと同じことが繰り返されている。ミャンマー軍の暴挙に非難が集まり、欧米を中心に強い圧力がかかるも、その一方で忘却も進んで、ミャンマーへの国際的な注目度と外交上の優先順位が下がっている。このまま事態が硬直化すれば、ミャンマーでの人権保護も民主化も進まない。人道危機も常態化する。そればかりか、インド洋と中国大陸とをつなぐ要衝に脆弱な国家が生まれ、日本の地域戦略にも深刻な影響を及ぼす。

日本のアジア外交における構想力と覚悟を示す試金石が、対ミャンマー政策である。この国を、忘れられた紛争国にしてはならない。

あとがき

ミャンマー西部にあるラカイン州での紛争と少数民族の迫害を論じた前著『ロヒンギャ危機――「民族浄化」の真相』(中公新書)を上梓したのは、二〇二一年一月のことである。ミャンマーで政変が起きる一〇日ほど前であった。

当然のことだけれども、出版のタイミングはねらったものではない。その証拠といってはなんだが、タイトルに「ミャンマー」という国名が入っていない。外国に関する書籍では、検索でヒットするように国名をタイトルのどこかにつけることが多いが、「読者が縁遠く感じてしまう」という編集部の意見を受けて削った経緯がある。

二〇二一年二月一日の政変後、「読者が縁遠く感じてしまう」状況が一変した。ミャンマーの話題が連日にわたって報道でとりあげられたからだ。筆者が住む京都市で、タクシーのドライバーさんから「それにしてもミャンマー大変やね」と話しかけられたこともある。道路脇でたまたま手を挙げていた筆者の仕事を知っているわけがないから、京都のような地方都市のタクシー内でもミャンマーが話題にのぼっていたということなのだろう。それまで想像したこともなかった。せっかくの機会なので、「ほんまですね、あの国行ったことあるんですけど」とひとしきり話をして、「よう知ったはりますな」と感心してもらえた。

本書を構想したのは、ちょうどその頃である。以前の企画が元ネタになっているので、構想し直したと言うべきかもしれない。元の企画では、ポスト・スーチー時代のミャンマーを見通すべく、過去三〇年間のミャンマー政治経済を総括するつもりだった。ところが、商業出版の厚い壁と筆者の力不足で出版にこぎつけられなかった。そのあとに執筆したのが前著になる。

つまり今回、一度しまい込んだアイデアを、埃を払って持ち出してきて書き進めたわけである。きっかけが血なまぐさい政変とあって、どこかすっきりしない気持ちはあるものの、眠らせていた構想が日の目を見たのだから、素直に喜びたい。

以前から構想はあったといっても、当初考えていた内容と、実際にできあがった本書の間にはずいぶんと違いがある。まったく想定しなかった方向にミャンマー政治が動き始めているからである。軍による統治はいつまで続くのか、混迷はさらに深まるのか、新たな民主化が実現するとしたら何年後のことになるのか、そもそも本当に実現するのか。それはわからない。もう少し情勢が落ち着いてから執筆するという選択肢もあったが、先が見通せないからこそ、自分の見方を世に問う必要があると感じた。

先が見通せない一方で、日本でも世界でも、ミャンマーのことは忘れられていきそうだ。緊張感を増す米中対立、ロシアによるウクライナ侵攻、北朝鮮のミサイル実験に比べると、ミャンマーでの危機は、日本や世界へのインパクトも違えば、ニュースとしての価値も違う。残酷な話ではあるけれども、発展途上国での国内紛争とはそういうものだろう。国際的な関心が集まらずに忘却されることもまた、この国をかたちづくってきたひとつの要素なのだ。

そうはいっても忘却には抗いたい。かといって、関心を惹くために、過度に単純化した悲劇の物語にしてもなるまい。忘却でも単純化でもなく、現実を変えるための冷めた他者理解が必要とされていると思う。現状の救いのなさに戸惑うことになるかもしれないが、それでも、変容するアジアと世界を前にした大事な心構えだろう。ちょっとおおげさだが、ミャンマー現代史の解説を通じて、読者の世界認識が変わることに少しでも貢献できればと願う。

最後に、本書の出版までにお世話になった皆さんに謝辞を記しておきたい。

筆者が二〇一七年にヤンゴン大学で開講した演習「ミャンマーの政治と政府」で学生たちと交わした議論が、本書全体の考察に活きている。一〇代末の受講生たちにとって、自由はごく日常的なもので、筆者が語る軍事政権時代の話を、まるで親戚のおじさんが語る昔話のように彼ら/彼女らは聞いていた。同世代の若者たちが、のちのクーデターに強く抵抗したことも腑に落ちる。いま、それぞれの立場で困難に直面する元教え子たちに、共感と感謝の気持ちを送りたい。合わせて、日本やミャンマーなどで筆者のインタビューを受けてくださった皆さんにも、心より御礼申し上げます。

本書の内容の一部は、筆者の二〇一〇年代の仕事に負っている。前職の日本貿易振興機構・アジア経済研究所の元同僚の皆さんと、現在勤める京都大学・東南アジア地域研究研究所の同僚の皆さんに感謝します。マイペースな筆者にいつも寛容に接してくださった。

伊賀司さん、長田紀之さん、日下渉さん、工藤年博さん、鈴木絢女さん、森下明子さんからは、草稿にとても有益な助言やコメントをいただいた。データ整理や年表の作成、原稿のチェックを手伝ってもらった川本佳苗さん、政変後すぐに本の出版を考えるよう激励してくださった牧原出先生にも感謝いたします。岩波書店への紹介の労をとってくださった首藤閑人さんには、出版企画のコツも伝授してもらった。ありがとうございました。

担当編集者の中山永基さんと企画の相談をしたのは、軍の弾圧がまだ激しかった頃だったと記憶している。政変の背景にあるミャンマー政治、経済、社会の構造を検討した本にしたいという中山さんの考えは、筆者の構想とも重なった。サポートに深謝申し上げます。

いつものことだが、家族は支えだった。自宅で難しそうな顔をしてPCを見つめている父親に、「ねえ、えほん、まだ書けないの?」(「えほん」とは本書のこと)と不満気に言う幼い息子と、兄の傍らで「えほん、まだー?」とよくわからないまま口をとがらせていた娘。ふたりから受けたプレッシャーが効いて、根気強く執筆を続けることができた。たとえ父親と遊びたいだけの不平不満だとしても、身近なひとが出版を待ちわびていると、やる気が出るものである。おかげで赤い表紙の「えほん」が書店にならぶ。ありがとう。

二〇二二年六月

中西嘉宏

※本書は科学研究助成基金助成金(国際共同研究加速基金・国際共同研究強化)「体制移行期ミャンマーにおける国軍の組織的利益の研究」(平成二八―三〇年度)(課題番号:15KK0085)、ならびに科学研究費補助金・基盤研究(B)「脱領域化する国際規範・制度と国民国家の反動に関する研究――北部ラカイン州危機の事例」(令和元年―四年度)(課題番号:19H01458)の研究成果の一部である。

岩波新書より

社会

ジョブ型雇用社会とは何か　濱口桂一郎
法医学者の使命 「人の死を生かす」ために　吉田謙一
異文化コミュニケーション学　鳥飼玖美子
モダン語の世界へ　山室信一
時代を撃つ ノンフィクション100　佐高信
労働組合とは何か　木下武男
プライバシーという権利　宮下紘
地域衰退　宮﨑雅人
江戸問答　田中優子・松岡正剛
広島平和記念資料館は問いかける　志賀賢治
コロナ後の世界を生きる　村上陽一郎編
リスクの正体　神里達博
紫外線の社会史　金凡性
「勤労青年」の教養文化史　福間良明

5G 次世代移動通信規格の可能性　森川博之
客室乗務員の誕生　山口誠
「孤独な育児」のない社会へ　榊原智子
放送の自由　川端和治
社会保障再考 〈地域〉で支える　菊池馨実
生きのびるマンション　山岡淳一郎
虐待死 なぜ起きるのか、どう防ぐか　川﨑二三彦
平成時代　吉見俊哉
バブル経済事件の深層　奥山俊宏・村山治
日本をどのような国にするか　丹羽宇一郎
なぜ働き続けられない？ 社会と自分の力学　鹿嶋敬
物流危機は終わらない　首藤若菜
認知症フレンドリー社会　徳田雄人
アナキズム 一丸となってバラバラに生きろ　栗原康
まちづくり都市 金沢　山出保
総介護社会　小竹雅子
賢い患者　山口育子

住まいで「老活」　安楽玲子
現代社会はどこに向かうか　見田宗介
EVと自動運転 クルマをどう変えるか　鶴原吉郎
ルポ 保育格差　小林美希
棋士とAI　王銘琬
科学者と軍事研究　池内了
原子力規制委員会　新藤宗幸
東電原発裁判　添田孝史
日本問答　田中優子・松岡正剛
日本の無戸籍者　井戸まさえ
〈ひとり死〉時代のお葬式とお墓　小谷みどり
町を住みこなす　大月敏雄
歩く、見る、聞く 人びとの自然再生　宮内泰介
対話する社会へ　暉峻淑子
悩みいろいろ　金子勝
魚と日本人 食と職の経済学　濱田武士
ルポ 貧困女子　飯島裕子

政治

岩波新書より

現代世界

岩波新書新赤版一〇〇〇点に際して

ひとつの時代が終わったと言われて久しい。だが、その先にいかなる時代を展望するのか、私たちはその輪郭すら描きえていない。二〇世紀から持ち越した課題の多くは、未だ解決の緒を見つけることのできないままであり、二一世紀が新たに招きよせた問題も少なくない。グローバル資本主義の浸透、憎悪の連鎖、暴力の応酬――世界は混沌として深い不安の只中にある。

現代社会においては変化が常態となり、速さと新しさに絶対的な価値が与えられた。消費社会の深化と情報技術の革命は、種々の境界を無くし、人々の生活やコミュニケーションの様式を根底から変容させてきた。ライフスタイルは多様化し、一面では個人の生き方をそれぞれが選びとる時代が始まっている。同時に、新たな格差が生まれ、様々な次元での亀裂や分断が深まっている。社会や歴史に対する意識が揺らぎ、普遍的な理念に対する根本的な懐疑や、現実を変えることへの無力感がひそかに根を張りつつある。そして生きることに誰もが困難を覚える時代が到来している。

しかし、日常生活のそれぞれの場で、自由と民主主義を獲得し実践することを通じて、私たち自身がそうした閉塞を乗り超え、希望の時代の幕開けを告げてゆくことは不可能ではあるまい。そのためにいま求められていること――それは、個と個の間で開かれた対話を積み重ねながら、人間らしく生きることの条件について一人ひとりが粘り強く思考することではないか。その営みの糧となるものが、教養に外ならないと私たちは考える。歴史とは何か、よく生きるとはいかなることか、世界そして人間はどこへ向かうべきなのか――こうした根源的な問いとの格闘が、文化と知の厚みを作り出し、個人と社会を支える基盤としての教養となった。まさにそのような教養への道案内こそ、岩波新書が創刊以来、追求してきたことである。

岩波新書は、日中戦争下の一九三八年一一月に赤版として創刊された。創刊の辞は、道義の精神に則らない日本の行動を憂慮し、批判的精神と良心的行動の欠如を戒めつつ、現代人の現代的教養を刊行の目的とする、と謳っている。以後、青版、黄版、新赤版と装いを改めながら、合計二五〇〇点余りを世に問うてきた。そして、いままた新赤版が一〇〇〇点を迎えたのを機に、人間の理性と良心への信頼を再確認し、それに裏打ちされた文化を培っていく決意を込めて、新しい装丁のもとに再出発したいと思う。一冊一冊から吹き出す新風が一人でも多くの読者の許に届くこと、そして希望ある時代への想像力を豊かにかき立てることを切に願う。

（二〇〇六年四月）

中西嘉宏

1977年生まれ．東北大学法学部卒業．京都大学アジア・アフリカ地域研究研究科にて博士(地域研究)取得．日本貿易振興機構・アジア経済研究所研究員，京都大学東南アジア研究所准教授などを経て，
現在―京都大学東南アジア地域研究研究所准教授
専攻―ミャンマー政治，東南アジア地域研究，比較政治学
著書―『軍政ビルマの権力構造――ネー・ウィン体制下の国家と軍隊　1962-1988』(京都大学学術出版会，2009年，大平正芳記念賞)，『ロヒンギャ危機――「民族浄化」の真相』(中公新書，2021年，樫山純三賞，アジア・太平洋賞特別賞，サントリー学芸賞) など

ミャンマー現代史　　岩波新書(新赤版)1939

2022年8月19日　第1刷発行

著　者　中西嘉宏《なかにしよしひろ》

発行者　坂本政謙

発行所　株式会社 岩波書店
〒101-8002 東京都千代田区一ツ橋 2-5-5
案内 03-5210-4000　営業部 03-5210-4111
https://www.iwanami.co.jp/

新書編集部 03-5210-4054
https://www.iwanami.co.jp/sin/

印刷・三陽社　カバー・半七印刷　製本・牧製本

ISBN 978-4-00-431939-9　　Printed in Japan

ミャンマー現代史関連略年表

年	月	日	事　項
1824			第一次英緬戦争(～1826)
1886	3		英国がミャンマー全土の併合を宣言，英領インドに編入
1937	4	1	ビルマ統治法でビルマ州が英領インドから分離
1942	1		日本軍がミャンマーに侵攻
1945	3	27	対日抗争のための統一戦線である反ファシスト人民自由連盟(AFPFL)が蜂起
	10		英国がミャンマーに復帰
1947	2	12	パンロン会議で連邦制による独立合意
	7	19	アウンサンらが暗殺される
1948	1	4	ミャンマー連邦が独立(初代首相はウー・ヌ)
	3		ビルマ共産党が反政府武装闘争を開始
1954	11	5	「日本国とビルマ連邦との間の賠償及び経済協力に関する協定」に両国署名
1958	10	28	軍への政権移譲により選挙管理内閣発足
1960	4	4	民政に復帰
	10	1	ミャンマー・中国が相互不可侵条約を締結
1962	3	2	軍がクーデターにより政権を掌握
1964	3	28	既存政党が非合法化
1974	1	3	ミャンマー社会主義連邦共和国憲法制定
1976	11	30	東京で対ビルマ援助国協議グループ会合
1987	9	5	高額紙幣廃止
	12	20	国連から後発開発途上国(LDC)と認定
1988	3	12	学生のケンカから治安部隊と衝突
	5	13	アウンジー書簡が出回る

	6	18	ヤンゴン大学で学生デモ
	7	23	ネーウィンがビルマ社会主義計画党(BSPP)議長を辞任
	8	8	ヤンゴン各地区でデモや集会，十数万人が参加
		24	アウンサンスーチーがヤンゴン総合病院で演説
	9	10	BSPP 臨時党会で複数政党制による選挙実施決定
		17	政府庁舎の一部をデモ隊が占拠
		18	軍によるクーデター．軍事評議会である国家法秩序回復評議会(SLORC)結成
		27	スーチー，ティンウー，アウンジーが国民民主連盟(NLD)を結成
1989	6	18	ミャンマー連邦(Union of Myanmar)に国名変更
	7	20	スーチーが自宅軟禁
1990	5	27	総選挙実施
		29	NLD の総選挙での圧勝がほぼ確定
	7	27	SLORC が即時の政権移譲を拒否
		29	NLD が SLORC に抗議する「ガンジーホール宣言」を発表
1991	10	14	スーチー，ノーベル平和賞を受賞
1992	4	23	SLORC 議長がソーマウンからタンシュエに交代
1994	3	23	制憲国民会議全体会議開催(～31 日)
1995	7	10	スーチーが自宅軟禁から解放
1996	5	19	政府，NLD 議員総会の中止を勧告．関係者の大量拘束を開始
		26	第 1 回 NLD 党大会(～28 日)
1997	5	21	ティンウー NLD 副議長，NLD 党員ら多数が当局により拘束されたと発表
	7	23	ミャンマー，ASEAN に正式加盟
	11	15	SLORC が国家平和発展評議会(SPDC)に再編

1998	7	29	車内籠城を続けるスーチーが自宅に強制送還
2000	9	23	スーチーが自宅軟禁
2002	5	6	スーチーが自宅軟禁から解放
	12	5	ネーウィンが死去
2003	5	30	スーチーの車列が暴徒に襲われるディペイン事件が発生．スーチーが自宅軟禁
	8	23	米国の経済制裁によるドル決済禁止
		30	軍事政権，7段階のロードマップを発表
2004	10	19	キンニュンが更迭され，その後に逮捕
	12	10	NLD，憲法起草のための国民会議ボイコットを表明
2005	11	7	ネーピードーへ首都機能移転を発表
2007	8	22	ヤンゴンで燃料公定価格値上げに反対するデモ
	9	18	僧侶を中心とする軍事政権への抗議活動本格化
		26	軍がデモの武力鎮圧を開始(日本人ジャーナリストが犠牲に)
	10	12	ソーウィン首相，死去
		24	テインセイン，首相に就任
	11	20	ASEAN憲章調印
2008	2	9	政府，新憲法案の国民投票と総選挙開催を発表
	5	2	サイクロン・ナルギスがミャンマーを直撃(死者約8.5万人，行方不明者約5.4万人)
		10	新憲法のための国民投票実施(92.4%が賛成と後日発表)
		17	NLD，新憲法案の国民投票の結果を拒否と発表
		29	政府，新憲法(2008年憲法)を布告
2009	9	23	クリントン米国務長官，対ミャンマー政策変更を表明
	12	20	タンシュエ，習近平・中国国家副主席と面談

2010	3	29	NLD，総選挙不参加を決定(シュエゴンダイン宣言)
	11	7	軍事政権のもとで総選挙実施
		13	スーチーが自宅軟禁から解放
2011	1	31	2010 年総選挙に基づく初めての議会召集
	3	30	民政移管によりテインセイン政権成立
	8	18	政府，声明「和平交渉への招待」を発表
		19	テインセインとスーチーとの会談
2012	4	1	NLD が補欠選挙に参加し大勝
	5	1	米国政府，投資，貿易，金融サービスに関する制裁を停止
		2	スーチーを含む NLD 議員，初登院
2013	4	13	スーチーが訪日
2014	5	11	ミャンマーが議長国となり，ネーピードーで ASEAN 首脳会議開催
2015	2	17	シャン州コーカン行政自治区に非常事態宣言発令
	10	15	政府，少数民族武装勢力 8 組織と全国停戦合意(NCA)に署名
	11	5	スーチー，「大統領の上」になると発言
		8	総選挙が実施され，NLD が地滑り的勝利
2016	2	17	スーチーとミンアウンフライン，選挙後 3 度目の会談
	3	30	スーチー政権発足
	4	6	スーチーが国家顧問に就任
	8	31	第 1 回連邦和平会議開催
	10	7	米国の対ミャンマー経済制裁全面解除
		14	「国防と治安に関する特別会合」に大統領，国家顧問，軍最高司令官等が出席
2017	1	29	NLD 法律顧問のコーニー，ヤンゴン空港で殺害

	5	23	第2回連邦和平会議開催
	8	25	アラカン救世軍(ARSA)による軍・警察施設の襲撃と掃討作戦．ロヒンギャ危機の発生
	10	16	EU，防衛協力の見直しを決定
	11	22	米国のティラーソン国務長官，ロヒンギャ危機を「民族浄化」と表現
2018	3	21	ティンチョー大統領が辞任．同月30日，ウィンミンが新大統領就任
	7	11	第3回連邦和平会議開催
	8	27	国連人権理事会の独立国際事実調査ミッションがロヒンギャ危機の報告書発表．Facebookが軍最高司令官などの軍系アカウント削除
	9	3	ロヒンギャへの迫害を取材中に逮捕されたロイター記者2人に禁固7年の有罪判決
2019	4	24	スーチー，中国を訪問し，第2回「一帯一路」国際協力ハイレベルフォーラムに参加
	7	15	憲法改正合同委員会，連邦議会に報告書を提出
	8	15	AA，TNLA，MNDAAの北部同盟3組織，軍士官学校を含む6地点を同時攻撃
	11	11	ガンビア，ミャンマー政府をジェノサイド条約違反で国際司法裁判所(ICJ)に提訴
		14	国際刑事裁判所(ICC)，ロヒンギャ問題の捜査開始
2020	4	1	スーチー，Facebookアカウントの利用開始
		27	政府，COVID–19経済救済計画を発表
	5	21	憲法改正案にかかる国民投票が無期延期
	7	6	英国，軍最高司令官および副司令官に制裁
	8	19	第4回連邦和平会議開催
	9	15	USDPなど24政党，選管に選挙延期を要請する公開書簡を提出

	11	8	総選挙実施(NLDが再び勝利)
		9	軍が和平協議委員会を発足
		30	軍が連邦選挙管理委員会に対して情報開示要求
	12	23	軍が有権者名簿の独自調査結果を公表(29日，31日にも)
2021	1	26	軍は有権者名簿に約860万人分の不備があったと発表
	2	1	スーチーとウィンミン大統領が軍により拘束．憲法第417条により非常事態宣言発令
		2	最高意思決定機関の国家行政評議会(SAC)設置．軍に反対する抗議デモがマンダレーで発生
		3	医療従事者が市民的不服従運動(CDM)を開始
		4	軍最高司令官の定年が撤廃
		5	NLD議員が連邦議会代表委員会(CRPH)を結成
		6	ヤンゴンやマンダレーを含む都市で街頭デモ拡大
		8	クーデター後，ミンアウンラインが初めての演説
		26	チョーモートゥン国連大使が軍事クーデターに抗議する演説
	3	14	ヤンゴンのフラインターヤー地区で弾圧
		27	「国軍の日」に軍がデモ隊を各地で弾圧
		30	CRPHが2008年憲法の廃止を発表
	4	9	バゴーで軍による弾圧
		16	CRPHが国民統一政府(NUG)を設立
		24	ASEAN指導者会議にミンアウンフライン出席．「5つのコンセンサス」に合意
	5	24	スーチーが法廷に初出廷
	6	20	ミンアウンフラインがロシア訪問
	7	26	2020年選挙結果の無効を選挙管理委員会が発表
	8	1	軍が2023年8月までの選挙を約束

		21	中国アジア特使がミャンマーを訪問
	9	7	「自衛のための戦い」をNUGが宣言
	10	15	ミンアウンフラインのASEAN首脳会議への出席拒否をASEAN外相会議で決定
		29	チン州タンタランで200以上の家屋が破壊
	12	6	スーチーに初の判決．4年の禁固刑(恩赦で2年に減刑)
		24	カヤー州で35人が乗るバスなどを軍が攻撃
2022	1	7	カンボジアのフンセン首相がミャンマー訪問
		10	スーチーに複数の容疑に対して禁固6年の判決(のちに恩赦で2年減刑)
		21	トタル，ミャンマーのガス田事業から撤退表明
	2	1	都市部で「沈黙のストライキ」
	3	22	米国，ロヒンギャへの迫害をジェノサイドと認定
		27	軍記念日にミンアウンフラインが演説．抵抗勢力を非難
	4	27	スーチーの汚職容疑に禁固5年の判決
	6	22	スーチーを刑務所内の独居施設に移送

主要参考文献

以下で，本文で言及したものを中心に，邦語，英語，ビルマ語の参考文献を示している．ビルマ語文献については，新聞・雑誌タイトル，SNS アカウント名以外は日本語訳を載せている．インターネットで確認した情報も多くあるが，URL はスペースの関係で省略した．非公開の内部資料や流出資料，インタビュー記録についても記載していない．また複数の章にまたがって参照される文献は，初出にのみ掲載している．

【序章】

アーレント，ハンナ(1981)『全体主義の起原 2　帝国主義』大島通義他訳，みすず書房

ウェーバー，マックス(2018)『仕事としての学問　仕事としての政治』野口雅弘訳，講談社学術文庫

白石隆(2000)『海の帝国――アジアをどう考えるか』中公新書

根本敬(2014)『物語ビルマの歴史』中公新書

ピンカー，スティーブン(2015)『暴力の人類史』(上下巻)幾島幸子他訳，青土社

Anderson, Benedict (1991) "Old State, New Society: Indonesia's New Order in Comparative Historical Perspective" in *Language and Power: Exploring Political Cultures in Indonesia*, Ithaca: Cornell University Press

Callahan, Mary P. (2003) Making Enemies: War and State Building in Burma, Ithaca: Cornell University Press

Charney, Michael W. (2009) *A History of Modern Burma*, Cambridge: Cambridge University Press

Furnivall, J. S. (1939) *The Fashioning of Leviathan: The Beginning of*

British Rule in Burma, Rangoon: Burma Research Society
Kim, Nam Kyu and Jun Koga Sudduth (2021) "Political Institutions and Coups in Dictatorships" Comparative Political Studies, Vol. 54, Issue 9
Taylor, Robert (1973) *Foreign and Domestic Consequences of the KMT Intervention in Burma*, Ithaca: Cornell University Southeast Asia Program.
—— (2009) *The State in Myanmar*, Honolulu: University of Hawaii Press
Taylor, Robert (2015) *General Ne Win: a political biography*, Singapore: Institute of Southeast Asian Studies
U Nu (1975) *Saturday's Son*, New Haven: Yale University Press

【第 1 章】

アウンサンスーチー(1996)『アウンサンスーチー演説集』伊野憲治編訳，みすず書房
——(2012)『増補復刻版　ビルマからの手紙　1995〜1996』土佐桂子他訳，毎日新聞社
「アウンサンスーチー遊説ビデオ」(京都大学東南アジア地域研究研究所図書室所蔵)
伊野憲治(2018)『ミャンマー民主化運動——学生たちの苦悩，アウンサンスーチーの理想，民のこころ』めこん
高橋昭雄(1998)「ミャンマー——困難な市場経済への移行」原洋之介編『アジア経済論』NTT 出版
田辺寿夫・根本敬(2012)『アウンサンスーチー——変化するビルマの現状と課題』角川書店
タンミンウー(2021)『ビルマ——危機の本質』中里京子訳，河出書房新社
中西嘉宏(2008)「ミャンマー軍事政権——その歴史と特質」『2008

年版ブリタニカ国際年鑑』ブリタニカ・ジャパン
――(2019)「書評論文　現代ミャンマー政治の原点を再考するために」『東南アジア研究』第56巻2号
根本敬(1991)「仏像の胸とスー・チー女史」『アジア・アフリカ言語文化研究所通信』71号
Burma Watcher(1989)"Burma in 1988: There Came a Whirlwind" *Asian Survey*, Vol. 29, No. 2
Lintner, Bertil(1989) *Outrage: Burma's Struggle for Democracy*, Hong Kong: Review Publishing Co.

【第2章】

アセモグル，ダロン&ジェイムズ・A・ロビンソン(2013)『国家はなぜ衰退するのか――権力・繁栄・貧困の起源』(上下巻)鬼澤忍訳，早川書房
キンニュン(2015)『国家の西方から迫る難問』ヤンゴン，パンミョータヤー学芸出版(ビルマ語)
工藤年博編(2012)『ミャンマー政治の実像――軍政23年の功罪と新政権のゆくえ』アジア経済研究所
末廣昭(2000)『キャッチアップ型工業化論――アジア経済の軌跡と展望』名古屋大学出版会
髙橋昭雄(2000)『現代ミャンマーの農村経済――移行経済下の農民と非農民』東京大学出版会
チョースワーモー(2014)「モーチャーシュエコー」*The Irrawaddy*. 11月号(ビルマ語)
中西嘉宏(2009)『軍政ビルマの権力構造――ネー・ウィン体制下の国家と軍隊　1962-1988』京都大学学術出版会
藤田幸一編(2005)『ミャンマー移行経済の変容――市場と統制のはざまで』アジア経済研究所
Bruin, Erica De(2020) *How to Prevent Coups d'État: Counterbalanc-*

ing and Regime Survival, Ithaca: Cornell University Press
Charities Aid Foundation (2019) "CAF World Giving Index: Ten Years of Giving Trends"
Finer, Samuel E. (1988) *The Man on Horseback: The Role of the Military in Politics*, 2nd, enlarged ie., Westview Press
Geddes, Barbara, Joseph Wright and Erica Frantz (2018) *How Dictatorship Works*, Cambridge: Cambridge University Press
Global Witness (2005) "A Choice for China: Ending the Destruction of Bruma's Northern Frontier Forests"
Maung Aung Myoe (2009) *Building the Tatmadaw: Myanmar Armed Fources Since 1948*, Singapore: ISEAS
Okamoto, Ikuko (2008) *Economic Disparity in Rural Myanmar: Transformation under Market Liberalization*, Singapore: National University of Singapore Press

【第3章】

五十嵐誠(2015)「少数民族と国内和平」工藤年博編『ポスト軍政のミャンマー――改革の実像』アジア経済研究所
長田紀之・中西嘉宏・工藤年博(2016)『ミャンマー2015年総選挙――アウンサンスーチー新政権はいかに誕生したのか』アジア経済研究所
白石隆，ハウ・カロライン(2012)『中国は東アジアをどう変えるか――21世紀の新地域システム』中公新書
工藤年博編(2015)『ポスト軍政のミャンマー――改革の実像』アジア経済研究所
中西嘉宏(2012)「国軍―正統性なき統治の屋台骨」工藤年博編『ミャンマー政治の実像――軍政23年の功罪と新政権のゆくえ』アジア経済研究所
――(2014a)「テインセインの強みと弱み」『アジ研ワールド・

トレンド』No. 221
———(2014b)「軍と政治的自由化——ミャンマーにおける軍事政権の「終焉」をめぐって」『比較政治学会年報第16号　体制の転換／非転換の比較政治』
———(2015)「民政移管後のミャンマーにおける新しい政治——大統領・議会・国軍」工藤年博編『ポスト軍政のミャンマー——改革の実像』アジア経済研究所
———(2021)『ロヒンギャ危機——「民族浄化」の真相』中公新書
三重野文晴(2021)「経済教室　国軍の利権構造，なお根強く　ミャンマー経済改革」『日本経済新聞』(2021年3月11日)
Albertus, Michael and Victor Menaldo (2018) *Authoritarianism and the Elite Origins of Democracy*, Cambridge: Cambridge University Press
Egreteau, Renaud (2016) *Caretaking Democratization: The Military and Political Change in Myanmar*, New York: Oxford University Press
Kyaw Yin Hlaing (2014) "The Unexpected Arrival of a New Political Era in Myanmar" in Kyaw Yin Hlaing ed., *Prisms on the Golden Pagoda: Perspectives on National Reconciliation in Myanmar*, Singapore: National University of Singapore Press

【第4章】

中西嘉宏(2017)「ミャンマーにおける政治と司法——憲法裁の停滞と民主化の行方」玉田芳史編『政治の司法化と民主化』晃洋書房
———(2020a)「自由とソーシャルメディアがもたらすミャンマー民主化の停滞」見市建・茅根由佳編『ソーシャルメディア時代の東南アジア政治』明石書店

———(2020b)「(2020年ミャンマー総選挙)アウンサンスーチー圧勝の理由と，それが暗示する不安の正体」IDEスクエア(日本貿易振興機構・アジア経済研究所)

ポピュラーニュース(Popular News)「ミンアウンフラインとポピュラーニュースの会見」(2020年11月3日)(ビルマ語)

Brenner, David (2019) *Rebel Politics: A Political Sociology of Armed Struggle in Myanmar's Borderlands*, Ithaka: Southeast Asia Program Publications, Cornell University Press

Center for East Asia Democratic Studies, National Taiwan University (2020) "Myanmar: Grappling with Transition: 2019 Asian Barometer Survey Report"

Leider, Jacques P. (2022) "The Arakan Army, Rakhine State, and the Promise of Arakan's Independence" Policy Brief Series No. 128, TOAEP

Lintner, Bertil (2020) "Why Burma's Peace Efforts Have Failed to End Its Internal Wars" Peaceworks, No. 169, United States Institute of Peace

People's Alliance for Credible Elections (PACE) (2020) "Pre-Election Survey: 2020 General Elections"

San Yamin Aung (2019) "Highlights of the U Ko Ni Murder Case" *The Irrawaddy* (29 January)

【第5章】

高橋昭雄(2021)「騒乱続くミャンマー　反クーデター，農村からも」『朝日新聞』3月23日

タンティン(2004)『作戦から作戦へ』ヤンゴン，アウンタンクン出版(ビルマ語)

中西嘉宏(2021a)「ミャンマーの安全保障観と2・1クーデター」『安全保障研究』第3巻第3号

――― (2021b)「ミャンマーは破綻国家になるのか――政変後の混迷と新たな展開」『国際問題』No. 704
――― (2021c)「ミャンマー政変と地域秩序への余波」『年報アジアの安全保障 2021-2022』朝雲新聞社
Beech, Hannah (2021) "Inside Myanmar's Army: 'They See Protesters as Criminals'" The New York Times (28 March)
Holmes, Stephen (2003) "Lineages of the Rule of Law" José María Maravall and Adam Przeworski eds., *Democracy and the Rule of Law*, Cambridge: Cambridge University Press
Htet Myet Min Tun, Moe Thuzar and Michael Montesano (2021) "Min Aung Hlaing and His Generals: Data on the Military Members of Myanmar's State Administration Council Junta" ISEAS Perspective, No. 97
Hmung, Samuel (2021) "Policy Briefing — SEARBO: New Friends, Old Enemies: Politics of Ethnic Armed Organisations after the Myanmar Coup" Canberra: New Mandala
Institute for Strategy and Policy-Myanmar (ISP-Myanmar) (2022) "ISP Data Matters" No. 22 (2 June) (ビルマ語)
Lintner, Bertil (1996) *Land of Jade: A Journey from India through Northern Burma to China*, Bangkok: Orchid Press
Newsinger, John (2015) *British Counterinsurgency*, Hampshire: Palgrave Macmillan
Selth, Andrew (2018) "Myanmar's Armed Forces and the Rohingya Crisis" Peace Works United States Institute of Peace
Smith, Martin J. (1991) *Burma: Insurgency and the Politics of Ethnicity*, London: Zed Books
The World Bank (2022) "Myanmar Economic Monitor-Contending With Constraints, Special focus: Digital Disruptions and Economic Impacts"

Thompson, Robert (1966) *Defeating Communist Insurgency: Experiences from Malaya and Vietnam*, New York: Frederick A. Praeger
UNOCHA (2022) "Myanmar Humanitarian Update No. 18" (31 May)

【第 6 章】

朝日新聞(2021)「『パイプ』の正体――検証・対ミャンマー外交」(第 1 回～第 4 回)(2021 年 8 月 22 日～24 日)
クラステフ，イワン，スティーヴン・ホームズ(2021)『模倣の罠――自由主義の没落』中央公論新社
大庭三枝(2014)『重層的地域としてのアジア――対立と共存の構図』有斐閣
工藤年博(1993)「日本の対ビルマ援助政策の変遷と問題点」『アジア・アフリカ言語文化研究所通信』79 号
小林誉明(2007)「中国の援助政策――対外援助改革の展開」『開発金融研究所報』35 号
白石隆(2016)『海洋アジア vs. 大陸アジア――日本の国家戦略を考える』ミネルヴァ書房
中西嘉宏(2015)「戦略的依存からバランス志向へ――ミャンマー外交と対中国関係の現在」『国際問題』No. 643
――― (2014)「パーリア国家の自己改革――ミャンマーの外交「正常化」と米国，中国との関係」『国際政治』第 177 号
Brocheux, Pierre, Daniel Hémery (2009) *Indochina: An Ambiguous Colonization, 1858-1954* (*From Indochina to Vietnam*, Oakland: University of California Press
Clymer, Kenton (2015) *A Delicate Relationship: the United States and Burma/Myanmar Since 1945*, Ithaca: Cornell University Press
Fravel, Taylor (2005) "Regime Insecurity and International Coopera-

tion: Explaining China's Compromises in Territorial Disputes" *International Security*, 30(2)

Hammes, T. X.(2012)"Offshore Control: A Proposed Strategy for an Unlikely Conflict" *Strategic Forum*, No. 278, National Defense University

Hufbauer, Gary Clyde, Jeffrey J. Schott, Kimberly Ann Elliott and Barbara Oegg(2009)*Economic Sanctions Reconsidered*, Washington, DC: Peterson Institute for International Economics

Maung Aung Myoe(2011)*In the name of Pauk-Phaw: Myanmar's China Policy Since 1948*, Singapore: Institute of Southeast Asian Studies

Selth, Andrew(2002)*Burma's Armed Forces: Power without Glory*, Norwalk, Conn.: EastBridge Books

Sun, Yun(2012)"China's Strategic Misjudgement on Myanmar" *Journal of Current Southeast Asian Affairs*, Vol. 31, No. 1

【終章】

中西嘉宏(2021a)「クーデターから四ヵ月「革命の曲がり角」」『外交』67

———(2021b)「国軍による弾圧は続くのか?——ミャンマー政変四つのシナリオ」『中央公論』5月号

ミュデ, カス, クリストバル・ロビラ・カルトワッセル(2018)『ポピュリズム——デモクラシーの友と敵』永井大輔他訳, 白水社

ラクラウ, エルネスト(2018)『ポピュリズムの理性』澤田岳史他訳, 明石書店

ルトワック, エドワード(2017)『戦争にチャンスを与えよ』奥山真司訳, 文春新書

Cox, Gary W., Douglass C. North and Barry R. Weingast(2015)

"The Violence Trap: A Political-Economic Approach to the Problems of Development"(Available at SSRN)

Levitsky, Steven and Lucan A. Way(2010)*Competitive Authoritarianism: Hybrid Regimes after the Cold War*, Cambridge: Cambridge University

Ramsbotham, Oliver, Tom Woodhouse and Hugh Miall(2016)*Contemporary Conflict Resolution, 4th Edition*, Cambridge: Polity Press

Treisman, Daniel(2020)"Democracy by Mistake: How the Errors of Autocrats Trigger Transitions to Freer Government" *American Political Science Review*, Vol. 114, Issue 3

【定期刊行物等】

朝日新聞

日本経済新聞

『アジア動向年報』(日本貿易振興機構・アジア経済研究所)

ミャンマー連邦議会各種議事録(ビルマ語)

Mizzima

Myanma Alin(ビルマ語)

Myanmar Now

New Light of Myanmar, Global New Light of Myanmar

The Irrawaddy(英語&ビルマ語)

The Myawaddy Daily(ビルマ語)

Radio Free Asia(ビルマ語)

Tatmadaw Daily Activity(ビルマ語，Telegram アカウント)

NUG Daily Military News Summary(ビルマ語，Facebook アカウント)